우리 아이
영성을 키우는 책 읽기

우리 아이 영성을 키우는 책 읽기

지은이 송광택
펴낸이 안용백
펴낸곳 (주)넥서스

초판 1쇄 인쇄 2012년 3월 25일
초판 1쇄 발행 2012년 3월 30일

출판신고 1992년 4월 3일 제311-2002-2호
121-840 서울시 마포구 서교동 394-2
Tel (02)330-5500 Fax (02)330-5555
ISBN 978-89-5994-256-5   03230

www.nexusbook.com
넥서스CROSS는 (주)넥서스의 기독 브랜드입니다.

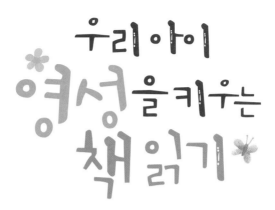

우리 아이 영성을 키우는 책 읽기

송광택 지음

넥서스CROSS

아름다운 성품을 계발하는 책 읽기

성품의 변화를 위한 독서는 가능한가? 아름다운 성품을 계발하기 위해 우리는 아이들에게 어떤 책을 어떻게 권해야 하는가? 이 책은 단순하지만 답하기 어려운 이러한 질문에서 출발하였다. 가정과 학교 그리고 교회에서 독서를 통해 아이들의 성품을 지도하는 일은 이제 시급한 현안이 되었다.

왜 독서가 중요한가에 대한 답은 어느 정도 합의가 이루어졌다. 그러나 독서를 통한 성품 계발은 그 중요성에 비해 아직 연구가 미미하다. 아직까지는 독서를 성품 계발보다는 학습과 연계시키는 데 더 큰 관심을 가지고 있다. 독서는 적극적인 지적 활동이므로 학습과 무관할 수 없다. 오늘날 우리는 평생 학습자로 살아가고 있고, 그 최선의 통로는 분명히 책을 가까이하는 것이다. 독서를 통해 실력을 키우는 일은 중요하다.

지식은 칼과 같다. 바른 성품의 사람이 바른 지식을 가지고 있을 때 그 지식은 사랑과 정의와 평화를 위해 사용되는 선한 도구가 된다. 특히 기독교인에게 성품은 중요한 키워드이다. 하나님의 자녀로서 우리가 하나님의 형상을 회복한다는 것은 하나님의 성품에 참여하는 것이다(벤후 1:4). 어린이는 독서를 통해 감사, 배려, 사랑, 용기와 같은 품성을 배울 수 있다. 또한 부모 공경과 평화 사랑 그리고 고난을 극복하는 것을 배울 수 있다.

사람들은 외적 변화를 위해 애쓴다. 하지만 지속적이고 진정한 변화는 내적 변화에서 시작된다. 내적 변화란 무엇인가? 그것은 생각과 가치관의 변화요, 성품의 성숙이다. 성품은 바로 그 사람이다. 좋은 성품을 갖기 위해 우리는 목표를 세워야 하고, 그런 목표를 이루기 위해서는 구체적인 방법이 필요하다. 어린 시절의 독서는 결정적으로 중요하다. 삶을 하나의 나무로 비유한다면 독서야말로 절대 조건의 밑거름이기 때문이다.

이 책은 크게 2부로 구성되어 있다.

1부 '독서를 통해 영성을 키운다'에서는 책이 가진 힘을 설명하는데, 특히 책이 하나님의 도구로 사용되어 왔다는 점과 모든 지도자가 독서가라는 사실을 알려 준다. 또한 독서가 아이들에게 어떤 의미가 있으며 성품 계발이 왜 중요한지를 밝혔다. 이어서 독서를 통한 성품 계발과 신앙 교육에 관하여 서술하였다. 2부 '성품 계발을 위한 주제별 독서'에서는 10가지 주제별로 각 주제를 설명하고 주제와 관련 있는 권장 도서를 소개하였다. 끝으로 부록에서는 '독서를 활용한 신앙 교육의 사례'와 '전국 어린이 도서관' 목록을 실었다.

부족한 점이 많지만 이 책이 기독교 신앙 안에서 우리 아이들에게 아름다운 성품을 심어 주는 데 작은 도움이 되기 바란다.

일산 글향기 도서관에서
지은이 송광택

"과거를 알려면 유물을, 현재를 알려면 뒷골목을, 그리고 미래를 알려면 청소년을 보라."는 말이 있다. 우리 아이들이 좋은 책을 많이 읽을 때 우리의 미래와 역사는 희망적이다. 에이브러햄 링컨은 청소년기에 만난 《워싱턴의 전기》에서 애국심을 배웠고, 《이솝 우화》를 통해 재미있게 말하는 법을 배웠으며, 《천로역정》과 성경을 읽고 삶의 길을 찾았다고 한다.

20년 가까이 독서 운동을 하며 다양한 독서 관련서를 출간한 송광택 목사가 《우리 아이 영성을 키우는 책 읽기》라는 아이들의 영성을 키워 주는 데 유익한 책을 내놓았다. 이 책을 통해 우리 아이들이 사랑, 감사, 용기, 비전, 배려 등과 같은 소중한 인성과 성품을 계발하는 데 크게 도움을 받을 수 있을 것이다. 이 책이 링컨의 경우처럼 우리 아이들을 바르고 크게 세우는 데 큰 역할을 하리라고 믿는다.

연세대 명예교수, 총신대 초빙교수 **조신권**

추천사
2

  우리의 삶이 보다 성숙하고 풍요롭기 위해서는 어릴 때부터 영적 발달과 지적 발달이 균형 있게 이루어져야 한다. 그러나 우리의 현실은 지적인 측면만을 강조하여 인간의 품성이나 하나님 중심의 삶의 자세에 대한 바른 가르침이 부족하다.

  차제에 독서 운동 전문가인 송광택 교수가《우리 아이 영성을 키우는 책 읽기》를 간행한 것은 매우 귀하고 소중한 일이다. 이 책은 독서에 대한 이론적 기초 위에 실제로 읽어야 할 책을 분야별로 나누어 설명함으로써 독서를 통한 치유와 풍요로운 영혼을 소유하는 길잡이가 되고 있다.

  무조건 많이 읽는 것이 중요한 것이 아니라 체계적인 독서를 통해 바른 지혜와 올곧은 품성, 여유로운 대인 관계 등을 도모할 수 있다. 이 책은 이러한 면에서 우리에게 귀한 지침이 되므로 마음의 빗장을 열고 모두가 읽었으면 한다.

총신대 명예교수 정정숙

추천사
3

  저자는 독서 지도의 학문적인 발전과 함께 실제적인 경험을 고루 갖추고 꾸준히 연구하는 독보적인 독서 지도 전문가이다. 특히 이번에 나온 책은 이미 검증된 지력과 심력의 차원을 넘어서 영성 부분까지 고려한 귀한 저술로서 현재 일어나는 사회 문제를 극복할 수 있는 대안이라는 관점에서 귀한 글이다. 변화무쌍한 세대에 자녀 문제를 바로 지도하고, 자녀가 해결하기 어려운 문제들을 스스로 잘 감당할 수 있는 인재로 자라길 원하는 부모라면 반드시 읽어 보아야 할 책이다.

  이 시대에 능력 있는 리더로 성장하는 자녀로 키우고 싶다면 이 책이 길잡이가 되어 실제적인 도움이 될 것이다. 특히 아이들을 위해 고민하고, 아이들 지도에 도움이 될 만한 여러 강의를 쫓아다니는 선생님들에게는 검증된 방법으로 차세대 지도자를 만들 수 있는 귀한 지침서가 될 것이다.

백영고등학교 교목실장 표영학

영성은 한마디로 말해 신의 성품이다. 그런데 막연한 신의 성품이 아니라 기독교인들의 인격을 통해 영글어 은은히 드러나서 세상을 비추는 성품을 말한다. 성품으로서 영성은 기독교인에게 있어도 좋고 없어도 그만인 선택 사항이 아니라 하나님께서 기대하시는 필수적인 열매이다. 성품으로 드러나는 영성이야말로 신앙의 목적이요, 기독교 교육이 지향해야 하는 궁극적인 목표요, 하나님께서 세상 끝날까지 창조하시는 속성이다.

아동기의 영성 교육은 아무리 강조해도 지나치지 않다. 어린 시절의 영성 교육은 평생 신앙생활의 기초를 닦는 작업이다. 이런 중요성을 생각할 때 송광택 교수의 《우리 아이 영성을 키우는 책 읽기》를 보니 몹시 반갑다.

기독교는 지난 2천여 년간 성경을 비롯해서 신앙 서적을 영성 훈련에 활용해 왔다. 포로기 시대에 강력한 영향력을 지녔던 지도자 다니엘처럼 실력과 영성과 덕을 갖춘 인재들이 기독교인들의 가정에서 길러지기를 축복한다.

《독서치료 어떻게 할 것인가》 저자 이영식

추천사
5

《우리 아이, 영성을 키우는 책 읽기》는 제목에서부터 가슴을 설레게 한다. 요즘같이 혼탁한 시대에 자녀들의 영성 문제를 고민하는 부모들에게 희소식이다. 아이의 영성을 키우는 책이라고 하지만 사실 아이보다 먼저 부모가 읽어야 할 책이다. 아이 어른 구분하지 않고 누구나 이 책을 통해 자신의 영성 생활이 어떠한지를 점검하는 기회가 될 것이다.

지식이 넘쳐 나는 시대에 또 한 권의 책을 권하는 것은 인간의 성품을 하나님의 성품으로 이끌기 위해서이다. 오늘날 교육의 문제점을 해결할 수도 있는 좋은 성품으로의 변화는 바로 영적 전인 교육이다. 부모들이 자녀에게 무조건 성공을 위한 목표로 몰고 간다면 아이들의 장래는 먹구름뿐이라 할 것이다.

'사람은 책을 만들고, 책은 사람을 만든다.'는 말이 있다. 독서야말로 실력을 키워 주고, 비전을 심어 주고, 성품을 변화시키니 부모는 마땅히 아이들에게 독서를 권해야 한다. 책을 읽은 사람은 바뀌는데 그것은 바로 성품이 바뀌는 것이다. 독자들이 가슴으로 읽는 독서를 한다면 상처받은 영혼이 치유함 받고 그곳에 향기로운 꽃이 피는 계기가 될 것이다.

세계독서치료학회장 김성구

《우리 아이, 영성을 키우는 책 읽기》는 한국 기독교 교육에 반드시 필요한 책이다. 한국에 수만 교회와 수많은 기독교 지도자가 있지만, 교회에서 교육받는 어린이들에게 추천해 주어야 할 도서목록은 단 한 권도 나와 있지 않아 안타까웠다. 그러던 차에 송광택 교수를 통하여 이 책이 출판되어 한국 기독교 교육과 교회 도서관에 좋은 영향을 주게 되었다.

그 동안 한국 교회는 어린이들에게 악서를 막는 여과 장치가 없어서 기독교 신앙에 반(反)영향을 끼치는《그리스 로마 신화》등과 같은 책을 어린이들이 읽어도 공개적으로 지적하지 못하는 벙어리였다. 이번에 이런 좋은 책이 발행됨으로써 도서 선정과 도서 추천에 다소 해갈이 되리라 믿는다.

자라나는 어린이들은 사고가 단순하여 읽는 책의 내용을 여과 없이 받아들이므로 어떤 책을 읽는가는 그들의 사고 형성에 막대한 영향을 초래한다. 이처럼 독서는 교회 교육보다도 더 큰 영향을 끼친다. 따라서 이 책이 기독교계가 교회 도서관 운영과 독서 운동에 관심을 갖는 촉발점이 되었으면 한다.

(사)한국사립작은도서관협회 이사 정기원

1부 독서를 통해 영성을 키운다

2부 성품 계발을 위한 주제별 독서

만약 신앙 서적들이 우리나라 대중에게
광범위하게 유포되지 않고,
사람들이 신앙적이 되지 않는다면,
우리나라가 어떤 나라가 될 것인지 걱정스럽다.
만약 진리가 확산되지 않는다면 오류가 지배할 것이요,
하나님과 그의 말씀이 전파되고 인정받지 못한다면,
마귀와 그의 궤계가 우세를 점할 것이요,
복음 서적들이 모든 집에 들어가지 못한다면,
타락하고 음란한 서적들이 거기에 있을 것이요,
우리나라에서 복음의 능력이 나타나지 못한다면,
혼란과 무질서와 부패와 어둠이 지배할 것이다.

다니엘 웹스터(미국의 정치가)

독서를 통해 영성을 키운다

책은
하나님의
도구이다

"우리는 주로 책을 통해서 위인들과 대화한다.
위인들은 양서들을 통해서 우리에게 이야기하고
그들의 귀중한 사상을 우리에게 전해 주며
그들의 정신을 우리에게 쏟아 부어 준다.
그러므로 우리에게 책을 주신 하나님께 감사하라."

윌리암 E. 채닝(미국의 목사)

책, 하나님의 도구

하나님은 책을 진리를 찾는 사람들의 안내자, 박해를 당하는 성도들의 위로자, 그리고 교회 개혁과 부흥의 도구로 사용하셨다. 이런 점에서 기독교는 책의 종교이고, 기독교 역사는 책의 역사라고 할 수 있다. 성 아우구스티누스(Aurelius Augustinus)의 《고백록》, 토마스 아 켐피스(Thomas A Kempis)의 《그리스도를 본받아》, 파스칼(Blaise Pascal)의 《팡세》, 존 번연(John Bunyan)의 《천로역정》과 같은 책들을 통해 얼마나 많은 사람이 하나님의 사랑과 진리를 발견하고, 영적 자유를 얻었으며, 주님께 헌신했던가!

교회사를 살펴보면, 독서를 통해 자신의 정신적·영적 문제를 숙고했던 사람들을 쉽게 찾을 수 있다. 그중 한 명이 바로 기독교의 탁월한 사상가인 성 아우구스티누스이다. 그는 로마 제국에 속해 있던 북아프리카 누미디아 지방의 타가스테(Tagaste)에서 태어났다. 어려서부터 라틴어 문법과 수사학에 뛰어난 재능을 보여 열여섯 살의 나이에 북아프리카의 수도 카르타고로 유학을 떠났다. 열여덟 살 무렵, 그는 로마의 철학자 키케로(Cicero)가 쓴 《호르텐시우스》*를 읽고 깊은 감명을 받았다. 이

---

* 퀸투스 호르텐시우스 호르탈루스(Quintus Hortensius Hortalus, 기원전 114년~기원전 50년) : 로마 공화국 시대의 정치가이며 웅변가. 키케로와 동시대 인물이다.

것은 그의 생애에서 분기점이 되는 감격적인 경험으로, 그는 이 책을 통해 지혜에 대한 사랑, 진리를 향한 열정을 갖게 되었다. 그는 《고백록》에서 그때의 일을 이렇게 기록했다. "주여, 이 책은 저의 모든 태도를 아주 분명히 바꾸고, 제 기도를 주님께로 향하게 했고, 제게 새로운 욕망을 주었습니다. 이 책을 읽은 후, 저의 모든 욕망이 무가치해졌고, 마음이 믿을 수 없을 만큼 따뜻해지면서 지혜의 불멸성을 염원했습니다. 이제 일어나 주님께로 돌이키려고 시작하였나이다." 이 한 권의 책이 없었다면 초대 기독교는 위대한 성인을 낳지 못했을 것이다.

영국의 복음 전도자 존 웨슬리(John Wesley)는 책을 통해 예수 그리스도를 인격적으로 만났다. 그는 어머니의 영향으로 경건한 생활에 힘쓰긴 했지만, 진정한 회심(回心)을 경험하진 못했다. 어느 날 그는 한 집회에 참석했다. 그때 누군가가 낭독하는 《루터의 로마서 주석》 서문을 듣고 '마음이 뜨거워지는 경험'을 했다. 그는 그날의 경험을 이렇게 적고 있다.

"그날 저녁, 알더스게이트 가(街)에서 기도모임이 있었다. 사실 별로 가고 싶지 않았다. 그곳에 도착해 보니 어떤 사람이 《루터의 로마서 주석》 서문을 낭독하고 있었다. 밤 9시 15분쯤, 우리가 그리스도를 믿을 때 하나님께서 우리 마음에 변화를 가져오신다는 부분을 낭독하는데 이상하게도 내 마음이 뜨거워지는 것을 느꼈다. 그리고 그리스도만을 나의 구주로 신뢰하는 마음이 생겼다. 또한 그리스도가 내 죄를 사하시고 나

를 구원하셨다는 확신을 갖게 됐다."(1738년 5월 24일자 일기 중에서)

평생 책을 가까이했던 웨슬리는 "책을 읽지 않는 사람은 지도자가 될 자격이 없다."고 했다. 그는 매년 8,000km에 달하는 순회 전도 여행을 했고, 평생 4만 번 정도의 설교를 했으며, 400여 권의 책을 썼다. 이처럼 방대한 사역을 하면서도 그는 결코 책 읽기를 게을리하지 않았다.

독서는 변화의 힘이다

왜 기독교인은 책을 읽어야 하는가? 크게 다섯 가지 이유를 들어 설명할 수 있다.

첫째, 풍성한 삶을 발견하고 누리기 위해 책을 읽는다.

사람은 곧 그가 읽은 책이다. 우리 내면에 아름답고 고상한 것을 저장할 때 아름다운 언행이 나타날 수 있다. 미국의 정치가 벤저민 프랭클린 (Benjamin Franklin)은 "독서는 정신적으로 충실한 사람을 만든다."고 했다. 기독교인은 풍성한 삶을 누리기 위해 독서해야 한다. 풍성한 삶은 의미 있는 삶이요, 목적과 소명이 인도하는 삶이다.

중국의 작가 린유탕(林語堂)은 이렇게 말했다. "청년으로서 글을 읽는 것은 울타리 사이로 달을 바라보는 것과 같고, 중년으로서 글을 읽는 것은 자기 집 뜰에서 달을 바라보는 것과 같으며, 노년에 글을 읽는 것은 발코니에서 달을 바라보는 것과 같다." 이는 독서의 깊이가 체험에 따라서 다르다는 의미이다. 우리는 책을 통해 인생을 배우게 되고, 동시에 인생의 경험은 독서에 깊이를 더한다.

둘째, 신앙을 심화 확대하기 위해서 책을 읽는다.

기독교인은 신앙의 깊이와 넓이를 더하기 위해 좋은 책을 많이 읽어야 한다. 한 신도가 오랫동안 해결하지 못했던 한 가지 문제를 신앙 도서를 읽고 해결했다고 말하는 것을 들은 적이 있다. 기독교인은 끊임없이 공부하는 평생 학습자로 살아야 한다. 이전보다 더 깊은 진리의 세계로 들어가려면 다양한 신앙 서적을 가까이해야 한다.

매월 주제별로 3~4권의 책을 선정해서 집중적으로 읽는 것도 좋은 방법이다. 이것은 '테마 독서'라고 할 수 있는데, 예를 들면, 가정, 구원, 기도, 복음, 예배 등에 관한 책을 1년 독서 계획에 따라 순차적으로 읽을 수 있다. 이러한 계획성 있는 독서는 신앙의 깊이를 더하는 데 큰 도움이 된다.

셋째, 성경을 사랑하고, 읽고, 이해하기 위해서 책을 읽는다.

성경은 문자로 된 말씀이다. 기록된 말씀을 읽고 생각하고 해석하여 이것을 생활에 적용하는 것이 기독교인의 신앙생활이다. 그런데 만일 문자로 된 글을 경시하고 책을 소홀히 하는 풍조가 만연된다면 그것은 곧 성경을 읽지 않는 풍토를 조장하게 되고 나아가 신앙에 나쁜 영향을 끼치게 될 것이 명백하다.

기독교에 대한 이해가 깊지 못한 사람들에게는 그 뜻을 깊이 연구한 학자들의 해석이나, 또는 그 원리를 실생활에 적용시켜 본 경험이 풍부한 사람들의 설명이 절실히 요구된다. 특히 기독교 고전은 성경의 진리를 깊이 있게 이해하도록 도와주고 풍성한 신앙생활로 안내해 준다.

　　어린이의 경우 신앙 인물 전기를 통해 하나님을 경외하고 순종하는 삶이 어떠한 것인지를 잘 이해할 수 있다. 또한 그 인물들이 가까이하고 사랑한 성경 말씀을 이해하는 데 도움이 된다.

　　넷째, 진리를 탐구하기 위해서 책을 읽는다.

　　기독교인은 진리 안에서 자유를 누린다. 기독교인의 삶은 진리를 추구하는 순례자의 삶이다. 그는 하나님의 뜻을 이해하고, 분별하고, 실천하고자 하는 열망으로 책을 읽어야 한다. 이러한 독서는 경건 서적만 읽는 것을 의미하지 않는다. 기독교인은 하나님께서 이 시대와 역사를 어떻게 인도하시는지를 알기 위해 폭넓게 독서해야 한다. 자기 관심 분야의 폭을 넓혀 가며 독서해야 한다. 인문 고전에 대한 독서뿐만 아니라 미래를 예측하고 대비하기 위한 독서

도 요구된다.

　　다섯째, 진리를 바르게 가르치기 위해서 책을 읽는다.

　　사람은 누구나 나름의 한계를 가진다. 그 한계는 성경을 읽

고 이해하는 데 영향을 끼친다. 성경을 읽을 때 우리는 우리가 보고자 하는 것을 본다. 성경이 보여 주는 대로 보기보다는 자신의 위치와 관점에서 자기가 보고자 하는 것만 보고 받아들인다. 이것은 모든 사람의 한계이다.

우리의 입장, 처지, 경험 그리고 선입관은 성경 말씀을 바라보는 우리의 눈을 제한한다. 우리가 경험하는 바와 같이 같은 말씀이라도 우리 영혼 안에서의 울림이 다를 때가 있다. 평안할 때는 무심히 지나친 말씀이 고난의 때에는 마음 깊이 다가올 수 있다. 한마디로 우리는 하나님께서 우리에게 말씀하시는 대로 다 듣지 못한다. 그러므로 신앙의 스승들과 선배들이 더 분명하게 그리고 더 깊이 보고 발견한 것들로부터 큰 도움을 얻을 수 있다. 그뿐만 아니라 나와 입장이 다른 사람의 글을 통해서도 통찰력을 키울 수 있다.

독서는 변화의 힘이다. 좋은 책은 우리의 사고와 내면세계 그리고 행동을 변화시킨다. 독서는 인생관 또는 세계관에 영향을 미친다. 독서야말로 '대학(大學)'이라는 말이 있다. 즉 독서가 가장 큰 배움의 길이라는 뜻이다.

세상은 아날로그 시대에서 디지털 시대로 변하고 있다. 그러나 여전히 책은 중요하고, 독서는 삶의 기본을 다지는 데 필수 방편이다. 불후의 명저《월든》의 저자 헨리 데이비드 소로(Henry David Thoreau)는 이렇게 말했다. "책은 이 세계의 귀중한 재산이며 모든 세대와 모든 민족의 고귀한 유산이다. 얼마나 많은 사람이 한 권의 책을 읽고 자기 인생의 새로운 기원을 마련했던가!……발돋움하고 서듯이 하는 독서, 우리가 가장 또렷또렷하게 깨어 있는 시간들을 바치는 독서만이 참다운 독서이다. 독서를 잘하는 것, 즉 참다운 책을 참다운 정신으로 읽는 것은 고귀한 '운동'이며, 오늘날의 어떤 운동보다도 독자에게 힘이 드는 운동이다. 책은 그것이 처음에 쓰였을 때와 마찬가지로 의도적으로 그리고 신중히 읽혀져 한다."

그렇다. 책의 죽음은 불가능하다. 애너 퀸들런(Anna Quindlen)의 말대로, 너무나 많은 사람이 그것을 너무나 좋아하기 때문이다. 독서는 여전히 힘이 세다!

모든 지도자는 독서가이다

"모든 지도자는 독서가이다.(All leaders are readers.)"라는 말이 있듯이, 책과 독서의 중요성은 누구나 공감한다. 우리가 알고 있는 위인들과 명사들은 대부분 책의 사람이다. 그들은 어린 시절 또는 청소년기에 책의 세계를 접했고, 평생 책을 벗 삼아 살았다. 그들이 읽은 책은 그들에게 꿈이 되고 사명이 되고 불가능을 가능케 한 도전이 되기도 했다.

독일의 문호 요한 괴테(Johann Wolfgang von Goethe)는 "나의 문학은 어머니가 들려준 이야기로부터 창조되었다."라고 회고하였다. 그는 아버지에게서는 삶에 대한 진지한 태도를 배웠고, 어머니에게서는 삶을 즐기는 법과 책을 읽는 방법을 배웠다.

괴테는 어릴 때부터 실로 광범위한 분야에서 재능을 보였는데, 특히 그의 문학적인 자질은 지금도 전 세계에서 출판되고 있는 그의 감성적인 작품들에서 확인할 수 있다. 그는 이러한 자신의 문학적 관심이 어린 시절에 어머니에게 들었던 전래 동화에서 출발했음을 고백한 적이 있다. 그는 책 속에 있는 재미있는 이야기를 통해 상상력과 통찰력을 배웠다. 그는 성장기에 위인전집을 탐독했고, 성공한 사람의 공통점인 메모하는 습관을 지녔다.

'철의 여인'으로 불리는 마거릿 대처(Margaret Hilda Thatcher)가 유럽 최초의 여성 총리가 된 배경에는 아버지의 영향이 컸다. 아버지는 그녀가 어릴 때 노동일을 했다. 이후 정치에 뜻을 두고 최연소 시의원과 시장으로 당선되어 모범적인 시정을 이끌어 갔다. 그러나 자신이 고등 교육을 받지 못한 것을 항상 부끄럽게 생각하며 자녀들에게 참다운 교육을 하겠다는 의지가 남달랐다. 자녀들에게 바른 교육을 하기 위해서는 책을 많이 읽을 수 있는 환경이 필요하다고 생각하고, 집안 환경을 책 읽는 환경으로 바꾸었다.

대처는 아버지의 바람대로 도서관에서 매일 책을 빌려 읽는 습관을 지니게 되었다. 대처는 아버지의 심부름으로 주말마다 도서관에서 가족을 위해 책을 한 아름씩 빌려 왔다. 그리고 자신도 그 책들을 탐독했다. 그녀는 자신도 모르는 사이에 가족들과 대화를 나눌 때면 도서관에서 빌려 온 역사책의 논지를 화제로 삼았다.

대처는 무엇보다 독서를 통해 자신과 남의 생각을 능숙하게 연결하는 능력을 키울 수 있었다. 대처는 "책 읽는 사회가 건강한 국가를 만드는 지름길이다. 책을 읽지 않는 사람들이 힘의 중심에서 권력을 행사하는 구조를 흔히 볼 수 있는데, 이러한 사회는 인간의 삶을 점점 가볍게 하고, 삶의 무게를 잃도록 할 것이다."라고 역설하였다.

미국의 영화감독이자 제작자인 스티븐 스필버그(Steven Spielberg)도 독서가 그의 창의력과 상상력의 원천이라는 것을 보여 준다. 그의 어머니는 스필버그가 어렸을 때 매일 밤마다 아들이 잠들 때까지 동화책을 읽어 주었다. 그가 어릴 적에 읽은 동화들은 환상적인 영화로 재탄생했다. 〈쥬라기 공원〉, 〈인디아나 존스〉, 〈백 투 더 퓨처〉 등 대성공을 거둔 영화들은 그가 어린 시절에 어머니로부터 길러진 감성에 의해서 만들어진 것이다.

스필버그는 책을 들고 대화하는 사람으로 유명하다. 어떤 사람이 "당신과 같이 작품을 만들려면 어떻게 해야 합니까?"라는 질문에 "책을 열심히 읽으세요."라고 답했다고 한다. 그는 집을 서재뿐만 아니라 손길이 닿는 곳마다 책으로 장식하였다. 그는 책을 사랑하고 존중하는 마음을 가지고 있다. 어릴 때의 독서 습관이 오늘날 그를 훌륭한 영화인으로 만든 것이다.

미국의 국무장관을 지낸 콘돌리자 라이스(Condoleezza Rice)는 방대한 독서로 꿈을 이루었다. 그녀는 목사인 아버지를 닮아 강인한 성격과 신앙심을 지녔으며 어린 시절부터 독서를 많이 했다. 다섯 살 되던 해부터 글을 읽었는데 한시도 책을 놓지 않았다고 한다. 열 살 되던 해에는 학교에서 쉬는 시간에도 각 학년의 필독서 목록에 나와 있는 문학 작품을 읽었다. 독서는 특히 그녀의 어머니가 강조하여 피할 수 없는 일과 중 하나였다. 그녀의 부모는 독서 클럽이라면 어디든 가입시킬 정도로 열정적이었다.

이러한 배경에서 성장한 라이스는 탁월한 학생이었는데, 독서에 매진하여 방대한 지식을 습득하였기 때문이다. 그녀는 연도별로 읽은 도서 목록을 작성했고, 관련 서적을 탐독하는 데 몰두했다. 한 예로 그녀는 구소련의 역사와 정치에 대한 방대한 지식을 독서로 얻었다고 한다. 그녀는 정치를 올바르게 인식하기 위해서는 단편적인 지식만을 얻는 것은 큰 의미가 없다고 판단하고 광의의 독서에 접근했던 것이다.

라이스의 성공에는 어릴 적 독서광이라는 습관이 중요했다. 관련 분야의 도서 목록을 작성하고 속독을 통해 방대한 지식을 쌓은 것이 내공으로 작용했다. 방대한 독서로 꿈을 이룬 그녀에게 독서는 언제나 세상을 움직이는 큰 힘이 되었다고 할 수 있다.

모든 지도자는 독서가이다. 독서를 한다고 모두 다 리더가 되는 것은 아니지만 영향력 있는 리더, 뛰어난 리더가 되기 위해서는 책을 통해 통찰력을 키워야 한다. 우리 아이들을 21세기의 리더로 키우고자 한다면 이러한 본보기를 통해서 많은 지혜를 얻도록 해야 할 것이다.

책 읽는 아이가
미래를 연다

"독서는 인간 정신이 수행해야 할
가장 소중한 노력이며
어려서부터 기울여야 하는 노력이다."

존 스타인벡(미국의 작가)

《영적 지도자 만들기》의 저자 로버트 클린턴(Robert Clinton)은 많은 지도자의 생애를 연구하다가, 그들의 생애에 책이 끼친 영향을 발견하였다. 뿐만 아니라 그 자신의 생애에서도 책이 간접 경험의 통로였음을 고백하였다.

"어린 시절에 어머니는 성경을 소재로 한 동화책을 매일 내가 잠들기 전에 읽어 주셨다. 어머니가 도서관에 데리고 가서 처음으로 대출 카드를 만들어 준 것도 생생하게 기억하고 있다. 나는 독서하는 습관을 일찍 갖게 되었지만 오랜 세월이 흐른 뒤에야 책을 통해서 하나님께서 나에게 말씀하신다는 사실을 배우게 되었다. 하나님께서는 이 간접 경험 과정을 통해서 나의 생애에 많은 것을 주셨다."

클린턴의 경험처럼 책 읽기는 우리 삶의 질에 영향을 미친다. 왜냐하면 사람은 곧 그가 읽은 책이기 때문이다.

어린 시절의 독서는 매우 중요하다. 특히 어린 시절에 손 가까이에 책을 두는 습관을 갖는 것은 결정적으로 중요하다. 대형 서점이나 지역 도서관 또는 교회의 작은 도서관에서 책 읽기에 집중하는 아이를 볼 때가 있다. 책을 통해 지혜와 감동을 얻은 그 아이는 후에 많은 사람에게 그 지혜와 감동을 전해 주게 될 것이다.

독서가 아이들에게 미치는 영향은 넓고 깊다. 미래의 지도자가 될 아이들에게 독서는 어떤 의미가 있을까? 다음에 제시하는 세 가지 면에서 아이들의 독서를 생각해 볼 수 있다.

실력을 키워 주는 독서

좋은 책 속에는 지식과 지혜가 들어 있다. 따라서 아이들은 책을 읽을 때 그 지식과 지혜를 자기 것으로 만들 수 있다. 바꾸어 말하면 책 읽기는 진정한 실력을 키우는 길이다. 많은 위인이 어린 시절에 책을 만났고, 책이 그들의 삶을 이끌었다고 고백한다.

영국의 물리학자, 수학자, 천문학자인 아이작 뉴턴(Isaac Newton)은 어린 시절에 병치레가 유난히 많았던 탓에 남자아이들과 잘 어울리지 못하고 혼자서 책을 읽거나 사색하는 것을 취미로 삼았다. 뉴턴은 열두 살 무렵에 클라크라는 이웃 사람의 도움으로 많은 책을 읽을 수 있었다. 그 결과 이미 20대에, 그를 유명하게 해 준 '미적분법', '빛의 새로운 이론', '만유인력의 법칙' 등에 대한 발견과 이론을 거의 완성하였다.

벤저민 프랭클린은 어린 시절에 일찍이 읽기와 쓰기를 배웠다. 어릴 때부터 많은 책과 신문 기사 탐독을 취미로 여길 정도로 독서에 대한 열정이 높았다. 그는 책을 빌리거나 사서 다 읽고 나면 그 책을 팔고 다시 다른 책을 사서 보는 독서 습관을 지닌 것으로 유명하다. 책을 통해서도 충족할 수 없는 것들은 신문 기사를 모조리 읽어 지식과 독서에 대한 욕구를 충족하였다고 한다. 프랭클린은 과학자로서도 많은 연구를 하였는데, 그중 유명한 것은 피뢰침을 발명한 것이다. 독서를 통한 창의력이 이러한 발명을 가능케 하였을 것이다.

미국의 발명가 토머스 에디슨(Thomas Alva Edison)의 성장 과정 중에서 가장 두드러진 특징은 호기심이 왕성했다는 점과 열렬한 독서가였다는 점을 들 수 있다. 그는 소년 시절부터 닥치는 대로 책을 읽는 버릇이 있었다. 열다섯 살 때, 디트로이트에 무료 도서관이 새로 문을 열자 에디슨은 뛸 듯이 기뻐했다. 마음대로 책을 읽을 수 있다는 생각으로 도서관이 처음 개관하는 날 제일 먼저 달려가 회원 가입을 했다. 후에 에디슨은 이 도서관에 있는 책을 한 권도 남김없이 독파했다고 술회하였다.

에디슨의 성공에는 어머니의 관심과 격려가 많은 작용을 하였다. 어머니는 학습 부진아로 취급받던 에디슨을 학교에서 자퇴시킨 후 직접 교육을 시켰고, 독서 지도도 해 주었다. 에디슨은 어머니의 도움으로 어렸을 때 세계 명작들을 탐독할 수 있었다. 그는 평생 동안 1,300여 개 이상의 발명품을 만들었는데 이러한 창조적 발명의 배경에는 엄청난 양의 독서가 있었다.

19세기 영국의 설교자 찰스 스펄전(Charles H. Spurgeon)도 책의 영향을 많이 받은 사람이다. '설교의 황태자'라고 불리는 그는 정규 교육을 받지 못했으나 끊임없이 책을 읽었다. 그가 세 살 때 처음 읽은 책은 목판화 그림이 있는 존 번연의 《천로역정》이었다. 그는 소년 시절을 책이 수북이 쌓여 있는 서재에서 보냈고 독학으로 목회자가 되었다.

독서는 실력을 키워 준다. 그 예를 열거한다면 아마 끝이 없을 것이다. 미래를 책임질 다음 세대를 실력 있는 사람으로 키우고 싶다면 책을 가까이하는 아이들로 키워야 할 것이다.

비전을 심어 주는 독서

좋은 책은 아이들에게 꿈을 심어 주고 비전을 제시해 준다. 역사에 이름을 남긴 훌륭한 사람들은 대부분 책을 통해 꿈을 발견하고 비전을 갖게 되었다.

에이브러햄 링컨(Abraham Lincoln)도 책이 이끌어 준 삶을 살았다. 그는 청소년기에 좋은 책들을 만났다. 그는 《워싱턴의 전기》에서 애국심을 배우고, 《이솝 우화》에서 재미있게 말하는 법을 배웠으며, 《천로역정》과 성경에서 사람이 어떻게 살아야 하는지를 배웠다고 했다.

링컨은 친구와 함께 작은 상점을 운영할 때 한 여행객으로부터 통 하나를 샀다. 그는 그 통 속에서 발견한 법률서적을 거듭 읽으며 변호사를 꿈꾸게 되었고, 정치인의 길을 걷게 되었다. 마침내 그는 백악관을 기도실로 만든 미국의 제16대 대통령이 되었다.

헬렌 켈러(Helen Keller)는 출생한 지 19개월 만에 심한 병으로 듣지도 보지도 말하지도 못하게 되었으나, 10세부터 설리번 선생의 가르침을 받아 말을 배우기 시작했다. 헬렌은 20세에 래드클리프 대학에 입학하여 졸업할 때까지 많은 고전을 읽었다. 특히 그리스 고전에서 즐거움을 얻었고, 성경을 읽는 가운데 무한한 감격을 느꼈으며, 셰익스피어의 작품도 많이 읽었다. 그 밖에 역사, 문학 전반에 이르기까지 점자책을 읽었다. 그는 독서를 통해 새로운 세상에 눈을 떴고 큰 비전을 가진 사람이 되었으며 평화 사회 운동에 이바지했다.

토크쇼의 여왕 오프라 윈프리(Oprah Gail Winfrey)는 책의 전도사로 불린다. 《타임》지는 그를 '20세기 영향력 있는 인물 100인'으로 선정하기도 했다. 윈프리는 사생아로 태어났으며, 그의 어린 시절은 말로 표현할 수 없을 정도로 기구했다. 9세에 사촌오빠에게 성폭행을 당하고, 14세에 미혼모가 되고, 20대에는 마약을 하며 방황하면서 자칫 인생의 낙오자로 전락할 위기에 처했다. 그러나 고난을 극복하는 흑인 여성들의 삶을 다룬 소설을 읽으며 새로운 삶을 향한 꿈을 갖게 되었고, 이제는 성공한 여성의 대명사가 되었다.

윈프리가 읽은 책들은 그녀를 재치와 번득이는 예지 그리고 수준 높은 교양인으로 만들어 주었다. 그녀는 "독서를 통해 얻을 수 있는 최고의 가치는 사람을 이해할 수 있는 마음을 지니게 되는 것이다."라고 말했다. 자신이 책 덕분에 인생을 개척할 수 있었던 만큼 그녀는 자신의 토크쇼와 잡지 등을 통해 남다른 열성을 가지고 책의 전도사로 나섰다.

책을 통해 새로운 삶을 열어 간 인물 중에 벤 카슨(Ben Carson)을 빼놓을 수 없다. 편모 아래에서 성장한 흑인 소년 벤은 알파벳도 읽지 못하는 문맹아였다. 그의 어머니는 기도 중에 지혜를 얻어 그와 함께 지역 도서관에 갔다. 벤은 처음에는 동물과 식물, 그리고 광물에 관한 그림책부터 보기 시작하다가 나중에는 침대 위에 책을 쌓아 두고 보는 책벌레가 되었다. 어머니의 세심한 지도와 격려 가운데 벤은 의과대학에 진학하게 되었고, 후에 존스 홉킨스 대학병원 신경외과 전문의가 될 수 있었다. 그는 자신의 인생에서 가장 중요한 두 가지는 바로 도서관으로 인도한 '어머니'와 '책'이라고 고백하였다.

많은 사람이 책을 통해 비전을 갖게 되거나 롤 모델(role model)을 발견한다. 한 가정에서는 4남매를 키우면서 초등학교 고학년 때 인물 전기를 읽도록 지도했다. 아이들은 인물 전기를 통해 그들이 공감하는 롤 모델을 찾을 수 있었다고 한다. 이처럼 아이들이 책을 통해 그러한 경험을 하도록 인도하는 것은 부모와 교사의 소중한 책임이 아니겠는가.

롤 모델 찾기

아이들이 목표 의식을 구체화하기 위해서는 롤 모델을 정해야 한다. 롤 모델은 아이의 생각과 행동, 그리고 더 나아가서는 세계관에 영향을 미친다. 아이들에게 롤 모델은 큰 동기 부여가 된다. 존경하는 롤 모델이 있으면 아이는 분명한 목표를 세우게 된다. 롤 모델을 찾을 때 아이들의 성격과 기질을 아는 것은 중요하다. 성격검사나 에니어그램 검사는 아이의 특징을 파악하는 데 큰 도움을 준다.

성품을 변화시키는 독서

아이들은 읽기를 통해 실력을 키울 수 있고 꿈과 비전을 갖게 된다. 뿐만 아니라 좋은 책을 가까이할 때 아이들은 아름다운 마음, 따뜻한 품성, 그리고 사람다운 품격을 갖춘 인격체로 성장할 수 있다.

우리가 먹는 음식이 우리의 체질에 영향을 주듯이, 우리가 보고 듣는 모든 것이 우리에게 영향을 미친다. 우리 아이들은 생활 속에서 무엇을 보고 듣고 느끼는가? 참되고 선하고 아름다운 것이 아이의 마음을 채울 때 그 아이는 참되고 선하고 아름다운 성품을 갖춘 사람으로 성장하게 된다. 좋은 책을 읽을 때 아이들은 변화한다. 그 변화는 나무가 자라듯이 서서히 이루어지는 변화이다.

성품의 변화를 위한 독서는 가능한가? 어른들이 문학 작품을 통해 간접 경험을 하듯이 어린이도 독서를 통해 희로애락의 감정을 느낄 수 있다. 독자로서 어린이는 책의 내용이 전하는 메시지를 통해 정서적 공감을 경험하고 위로와 격려를 받기도 한다.

어린이는 독서를 통해 감사와 배려와 사랑 그리고 용기와 같은 품성을 배울 수 있다. 또한 고난을 극복하는 아이, 부모를 공경하는 아이, 비전을 가진 아이, 용서하는 아이, 그리고 평화를 사랑하는 아이로 성장할 수 있다.

이를 위해서 부모와 교사는 독서를 통한 성품 계발의 의미와 중요성을 이해해야 한다. 성품 계발은 이제 이 시대의 긴급하고도 중요한 현안이 되었다. 지나친 지식 중심의 교육은 교육 본래의 뜻을 잃고 있으며, 학교 교육은 인성 지도나 성품 계발에서 한계를 보이고 있다. 누구를 탓하기에 앞서 우리는 부모나 교사의 위치에서 사명감을 가지고 한발 앞서 나가야 한다.

이제는 책 읽는 아이가 미래를 열어 갈 것이다. 독서를 통해 실력을 키우고, 비전을 세우고, 그리고 바람직한 성품을 계발한 아이들은 멋진 리더가 될 것이다. 그들이 만들 미래는 지금보다 더 아름다운 세상이 아니겠는가.

책을 권하는 부모가 되자

부모로서 자녀들에게 할 수 있는 보람된 일 가운데 하나는 그들에게 좋은 책을 권하는 일이다. 어른들은 아이들에게 어떤 책을 골라 주어야 하는가? 먼저 우리는 몇 가지 고정 관념을 버려야 한다.

첫째, 아이가 책을 읽고 있다고 해서 무조건 '독서하고 있다.'고 생각하지 말라. 이것은 '모든 책은 다 좋은 것'이라는 오해에서 온 것이다. 아동 도서 중에도 비교육적인 내용을 담은 책이 많다. 그러므로 부모나 교사는 비판할 수 있는 능력을 갖고서 책을 골라야 한다.

둘째, 책을 사 주는 것만으로 만족하지 말라. 진정한 책 읽기가 이루어지려면 독서 지도가 뒤따라야 한다. '우리 아이를 어떤 아이로 키울 것인가?'를 늘 생각해야 한다.

셋째, 아이 책은 언제나 어른이 골라 주어야 한다고 생각하지 말라. 어른이 어린 시절에 읽은 책을 무조건 추천하는 것은 적절하지 않다. 좋은 책을 통해 새로운 세계를 경험하고 기쁨을 맛볼 수 있도록 상황에 어울리는 책을 권해야 한다.

🐝 어떤 책이 좋은 책인가?

1. 어린이를 삶의 주체로 보는가?
2. 좋은 가르침이 있는가?
3. 독자의 수준에 맞는가?
4. 어린이들의 흥미를 끌 만큼 재미가 있는가?
5. 책의 저자가 그 방면에서 전문가인가?
6. 우리 민족의 정서를 바르게 표현하고 있는가?
7. 평화를 사랑하는 마음을 키워 주는가?
8. 더불어 사는 삶을 지향하고 있는가?
9. 자연과 생명을 사랑하는 가치를 담고 있는가?
10. 불의를 배격하고 정의를 옹호하는가?

11. 겉모양으로 사람을 판단하지 않는가?

12. 일하는 삶을 귀하게 여기는가?

13. 우리 민족의 나아갈 바를 바르게 표현하고 있는가?

14. 나라와 이념을 초월해서 모든 사람을 평등하게 대하는가?

15. 그림이 내용을 잘 표현하며 튼튼하게 만들어졌는가?

좋은 문학 작품에는 작자가 말하고자 하는 '중심 사상'이 있다. 동화 역시 그러한 주제와 생각이 담겨 있어야 한다. 하지만 이것은 동화를 방편으로 하여 어린이들에게 무슨 교훈을 말해야 한다는 것이 아니다. 순수한 동화를 쓰려면 이러한 생각을 버려야 한다. 그보다는 어린아이의 눈과 마음이 되어 어린이와 서로 이야기를 나눈다는 마음가짐이 더 소중하다.

어린이들이 동화를 좋아하는 것은 스토리 때문만은 아니다. 어린이들도 불안, 압박, 원망, 요구 등의 의식·무의식적 심리 환경에서 살고 있다. 동화는 그들의 의식·무의식에 작용하여 심리 만족의 효과를 낸다. 아이들에게 동화는 마음의 꽃밭이다. 동화는 아이들로 하여금 직접 경험할 수 없는 것을 경험하게 해 주며, 고상한 생각과 사상을 아이들 눈높이로 전달한다. 또한 동화는 지적, 정서적, 사회적 성장을 자극하는 요소들을 지닌다.

아이들에게 권해야 하는 책의 종류는 연령별로 다양하다. 0~7세에 해당하는 아이에게는 다양한 그림책을 소개해 줄 필요가 있다. 초등학생에게 읽혀야 하는 장르는 국내 창작 동화, 외국 창작 동화, 국내 전래 동화, 외국 전래 동화, 시와 글모음, 과학 · 환경 · 문화 · 인물 · 역사 분야의 책들이다.

대개 초등학교 2~3학년이 되면 글을 읽으면서 의미 파악을 할 수 있게 된다. 또한 이야기 구조를 이해하게 되면서 유창하게 읽게 된다. 초등학교 4~6학년이 되면 책을 읽으면서 자신의 관점을 형성한다. 그렇지만 주로 지은이의 관점을 따른다. 이 시기가 되면 책 내용을 토대로 토론, 질의, 응답, 글쓰기를 활발하게 할 수 있을 뿐만 아니라 독서력이 크게 향상되므로 아이들에게 다양하고 수준 높은 읽기 자료를 제공하는 것이 중요하다.

무엇보다도 부모와 교사는 어린이의 심리 발달과 독서력 수준에 관심을 가지고 관찰해야 하며, 좋은 책을 놓치지 않고 골라내는 지혜가 있어야 한다.

03

왜 성품 계발이
중요한가?

"책은 삶의 온갖 모습과 풍요로움을 들려주고
선과 아름다움을 향한 인간의 질긴 투쟁을
이야기해 주었다.
읽으면 읽을수록 나는 친절한 영혼이
내 가슴을 채우는 것을 느낄 수 있었다.
나는 훨씬 침착해졌고 자신감이 생겨났다."

막심 고리키(러시아의 작가)

왜 성품이 중요한가?

우리는 선진국을 경제력 중심으로 평가하곤 한다. 그러나 선진국의 지표 중 가장 중요한 요소 세 가지는 정직도, 여성 참여도 그리고 독서력이다. 한 나라의 정직도는 국격(國格)의 한 부분이다. 개인의 경우에도 정직도는 인격의 척도이다. 국가의 정직도는 사실 국민 개개인이 지닌 정직도의 반영이다. 따라서 진정한 의미의 선진국이 되려면 개개인의 도덕적 성품이 뒷받침되어야 한다.

그러면 왜 어린이에게 성품이 중요한가?

첫째, 성품은 인생을 결정하기 때문에 중요하다.

1980년대에 버클리 대학교 심리학연구소는 세계적으로 성공한 인물들 가운데 600명에 대한 연구를 통해 성공한 사람들의 5가지 특징을 밝혀냈다. 그것은 강한 집중력, 살아 있는 감성, 창의적 사고, 정직한 성품, 그리고 풍부한 독서력이었다. 여기서 주목할 부분은 도덕성과 성공의 밀접한 관계이다. 정직한 성품이 진정한 성공의 한 요소라는 것이다.

한 조사 결과에 따르면 정직은 여전히 '여타의 능력'을 압도하는 인사(人事)의 기준이다. "어떤 부하 직원을 가장 선호하는가?"라는 질문에 국내 200대 기업의 CEO 중 65%가 '정직한 사람'이라고 응답했다. 그 이유에 대해서는 "정직한 사람은 가르칠 수 있지만, 정직하지 못한 사람은 가르칠 수 없다."고 말했다.

성품은 한 사람의 삶의 내용을 결정한다. 정직하지 않은 사람이 거둔 성공을 성공이라고 부를 수 있는가? 신실하지 못한 태도로 사는 사람이 진정한 삶을 산다고 할 수 있는가? 존 머레이(John Murray)는 "우리가 무엇을 갖고 있든, 만일 우리가 올바른 성품을 갖고 있지 않다면 우리는 아무것도 가지고 있지 않은 것이다."라고 말했다.

모든 부모는 자녀가 행복하게 살기를 바라고 성공적인 삶을 살아가기를 희망한다. 좋은 성품은 인생의 빛깔을 아름답게 만든다. 그러므로 자녀가 아름다운 성품을 가진 사람이 되도록 돕는 것이야말로 부모의 가장 중요한 책무라고 말할 수 있다.

둘째, 성품은 인간관계에 영향을 미치기 때문에 중요하다.

인간관계에는 다양한 수준이 있다. 가장 가까운 관계는 공간적으로 30cm 이내까지 다가갈 수 있고 스킨십을 나눌 수 있는 사이라고 한다. 친밀한 인간관계는 어떻게 가능한가? 그 관계는 어떻게 유지되는가?

좋은 사람을 만나는 것은 중요한 일이다. 그러나 더욱 중요한 것은 좋은 관계를 유지하는 것이다. 모든 행복한 관계는 작은 것을 잘 가꾼 결과라는 말이 있다. 인간관계에 탁월한 사람들은 진실하고 진지하고 성실하다. 그들은 말하는 것이 섬세하고, 설득하는 것이 섬세하고, 경청하는 것이 섬세하다. 이러한 태도는 성품의 꽃이고 열매이다.

성숙한 인간관계를 갖기 위해서는 말을 잘하는 것보다 듣는 것을 잘해야 한다. 경청은 깊이 듣는 것이요, 사랑으로 듣는 것이다. 경청 역시 다른 사람과의 관계가 민감한 성품에서 나오는 것이다. 고든 맥도날드 (Gordon MacDonald)는 저서 《마음과 마음이 이어질 때》에서 말하기를 "민감함이란 사람들의 삶의 이면에 숨어 있는 실체들을 보고 듣고 느끼며, 그에 따라 적절한 행동이나 반응을 결정할 수 있는 독특한 능력을 말한다."고 했다.

삶은 관계이다. 성품 교육을 통해 아이들은 관계를 배운다. 인간관계의 수준과 질은 행복의 수준과 질이다. 성품의 길은 아름다운 관계와 행복한 삶으로 향하는 길이다.

셋째, 성품은 리더십의 핵심 요소이기 때문에 중요하다.

21세기가 요구하는 지도자는 좋은 성품을 가진 사람이다. 감독하고 군림하고 명령하는 리더십이 아니라 섬김의 리더십을 요구한다. 21세기는 권위주의형 지도자를 따르는 시대가 아니다. 사람들은 존경받을 만한 인격과 품성의 지도자를 원한다.

크라이슬러사의 CEO였던 리 아이아코카(Lido Anthony Iacocca)는 "리더십이란 모범을 보이는 것이다."라고 말했다. 지리산 청학동 이정석 훈장도 말하기를 "몸으로 가르치니 따르고, 입으로 가르치니 반항하네."라고 했다.

먼저 사람이 되라는 말이 있다. 이것은 바로 사람됨, 즉 성숙한 인격체로서의 성품을 강조하는 말이다. 성품은 말보다 더 크게 말한다. 좋은 성품은 강력한 실력이다. 따라서 우리 아이들이 21세기의 리더가 되기 위해서는 먼저 좋은 성품을 가진 사람이 되어야 한다.

성품의 이해

성품(性品)이란 무엇인가? 성품 교육 전문가 이영숙 박사는 "성품은 사람의 생각, 감정, 행동의 총체적 표현이다."라고 정의했다. 사전적 정의를 따르면 성품은 '사람의 성질과 됨됨이'를 의미한다.

성품은 성격과 어떻게 다른가? 일반적으로 성격(性格)은 "각 개인이 지닌 특유한 성질이나 품성"을 이르는 말이다(영어로는 'character', 'personality'라고 한다). 사실 성격, 성질, 인격, 인품(personal character) 등의 표현은 어느 정도 상호 교차적으로 사용된다.

심리학에서는 다양한 인간의 심리적 특성을 '성격(personality)'과 관련시켜 설명한다. 이 경우 성격을 한마디로 정의하기가 상당히 어렵기 때문에 심리학자들마다 다양한 정의를 내리곤 한다. 일반적으로 성격이란 말의 어원은 그리스어 페르소나(persona)에서 찾는다. 페르소나는 고대 그리스 시대에 배우들이 연극할 때 썼던 '가면'을 의미했다. 즉 성격은 주위에 대한 개인의 전체적 인상으로 이해되었던 것이다. 그러던 것이 오늘날에 와서 다른 사람과 구별될 수 있는 한 개인의 독특한 인상 전체로 이해되고 있다.

성품이 개인의 내면적 본성(nature)을 강조하는 용어라고 한다면, 성격은 외적으로 표현되는 측면에 초점을 맞춘 용어라고 볼 수 있다. 그러나 이러한 구분이 학문적으로 엄밀하게 이루어지기는 쉽지 않아 보인다. 따라서 여기에서는 사람됨의 바탕이 되는 포괄적 인성과 내면적 덕성을 아우르는 용어로 '성품'이라는 말을 쓰고자 한다.

동양의 성품 이해

유교 윤리에 따르면 모든 사람은 인(仁)의 씨앗을 갖고 있으므로 누구나 현인(賢人)이 될 수 있고, 성인(聖人)도 될 수 있다. 그러나 사람은 사사로운 욕심에 빠져서 하늘이 준 성품을 잃기도 한다.

《논어》에 의하면 학문과 수양의 목표는 모든 덕을 두루 갖춘 인격자인 군자가 되는 것이다. 그리고 군자가 가장 중요시하는 덕목은 인(仁)이다. 공자는 인(仁)을 인간성이 갖추어 내야 하는 보편적 덕목으로 보았다. '인의 실현'이야말로 군자의 사명이라고 생각한 것이다.

🦋 **공자가 말하는 '군자가 마음 써야 할 아홉 가지'**

1. 시각에서는 명민할 것

2. 청각에서는 예민할 것

3. 표정에서는 부드러울 것

4. 태도에서는 성실할 것

5. 발언에서는 충실할 것

6. 행동에서는 신중할 것

7. 의문 나는 일은 탐구심을 가질 것

8. 감정에 이끌려 미혹되지 말 것

9. 이득을 보면 의를 잊지 말 것

다시 말해, 공자가 생각하는 군자는 도덕이 순수하게 갖추어져 있고 학문도 역시 뛰어나며, 날로 발전을 추구하고 인예(仁禮)를 중시하는 사람이다.

유교 윤리에서 인(仁)은 도덕성의 내적 기준이다. 의(義)는 행위의 기준 및 절제의 원리이다. 예(禮)는 도덕성의 외적 기준이다. 지(智)는 도덕적 판단의 덕이다. 유교는 인간관계의 윤리를 주로 가르쳤다. 그 내면적 동기에 관하여 인(仁)을 말하고 있으나, 공자가 객관적이고 보편적인 기준을 제시한 것은 아니다. 물론 인(仁)이 공자 사상을 지배하는 중심 주제요 원리라는 것은 확실하다.

유교에서는 "인간이 왜 도덕적이어야 하는가?"란 질문에 대해서 "인간에게는 도덕적 보편성이 있다."고 답한다. 인간에게 이런 도덕성이 없다면 인간이 동물과 다를 게 없다고 보고 있다. 따라서 인간이 인간다워지려면 이 도덕성을 자각하고 그것을 실현해야 한다. 이를 행하기 위해 유교에서는 인륜을 가르치는데 그 대표적인 것이 바로 오륜(伍倫)이다.

유교적 관점에서 볼 때 인간은 사람답게 살 수 있는 가능성이 있는 존재이다. 다만 그 선택은 각 사람에게 달려 있다. 도덕성의 근본을 인(仁)으로 본 것은 인간 본성에 대해 긍정적으로 접근하였다는 것을 보여 준다. 공자에게서 인(仁)은 '참된 인격', '완전한 덕성'이라는 의미로 인간이 가져야 하는 모든 덕성을 포괄하는 의미를 갖고 있다. 하지만 공자는 인간의 본성이나 성품을 세분화하여 이해하지 않았다.

서양의 성품 이해

고대 그리스의 윤리는 덕의 윤리학이다. 아리스토텔레스(Aristoteles)에게 '좋은 사람'은 '덕 있는 사람'이다. 그의 윤리는 행동이 아니라 사람의 성품에 달려 있다. 그에 의하면 덕은 중용이며, 올바른 이치를 따른 성품의 상태이다. 그는 사람의 성품은 그의 행동보다 그가 어떤 선택을 하느냐를 통해 파악하는 것이 더 낫다고 생각했다.

덕(德)은 그리스어의 아레테(arete)에서 온 말로서, 인간을 포함하여 모든 존재가 그 기능과 목적 면에서 탁월성을 지니고 있다는 의미로 사용된다. 예컨대, 칼의 경우 그것이 물건을 베거나 자르는 데 탁월할 경우 칼의 덕이 있다고 본다. 이러한 덕의 관념은 인간에게도 그대로 적용된다. 이때에는 '인간 행동의 목적으로서 선하고 행복한 삶을 가능하게 하는 탁월한 성품'으로 이해된다. 즉 사람이 훌륭하고 뛰어나서 칭찬받을 만한 어떤 인격적 자질과 품성을 지니고 있을 때 이를 가리켜 덕이라고 말하게 되는 것이다. 아리스토텔레스는 덕이란 탁월한 성품을 의미하는 것으로 이해했다.

한편 고대 그리스의 의성(醫聖) 히포크라테스(Hippocrates)는 네 가지 기질설을 주장했다. 그는 인간의 기질을 타고난 성품의 결합체로 보았다. 그는 사람의 기질을 다혈질, 담즙질, 우울질, 점액질의 네 가지로 나누어 설명했다. 히포크라테스의 기질 이론은 오늘날에도 자주 인용되는 흥미로운 관점이다. 물론 이 네 기질만으로 사람을 분류할 수는 없다. 100% 다혈질, 100% 우울질은 없기 때문이다.

기질론은 성격을 이해하고 분석하는 데 부분적으로 통찰을 제공한다. 기질은 성격의 한 측면이기 때문이다. 그러나 기질과 성품은 다른 수준에서 이해해야 할 개념이다.

기독교적 성품 이해

성경은 성품을 강조한다. 《하나님의 성품 연습》의 저자 제리 브리지스(Jerry Bridges)는 '건강한 인생은 열매 맺는 삶'이라고 강조한다. 성경이 가르치는 대표적인 열매는 성령의 아홉 가지 열매이다(갈 5:22-23, "오직 성령의 열매는 사랑과 희락과 화평과 오래 참음과 자비와 양선과 충성과 온유와 절제니 이같은 것을 금지할 법이 없느니라").

청교도 작가 존 오웬(John Owen)은 "성령의 열매를 맺게 하는 것은 성령의 사역이지 인간이 할 수 있는 일이 아니다."라고 강력히 주장하였다. 이러한 성품은 우리가 만들어 내거나 자랑하거나, 스스로 생겨났다고 말할 수 있는 성질의 것이 아니다. 성품의 근원은 오직 하나님 한 분이시다. 그러나 우리의 역할이 없는 것은 아니다. 우리도 중요한 역할을 감당해야 한다. 우리는 날마다 이 성품의 옷을 적극적으로 입어야 한다. 우리에겐 순종할 책임이 있다. 오웬은 "순종에 의한 성령의 열매는 보존되고 증대되고 튼튼해지며 질이 좋아진다."라고도 말했다.

성령의 열매는 건강한 기독교인이라면 누구나 맺어야 하는 열매이다. 그 열매들은 본질적으로 하나님과 이웃 그리고 우리 자신과 관련된 성품의 열매, 인격적 열매들이다. 성령의 열매는 하나님과의 관계에서 깊이 뿌리 내린 삶의 결과물이다. 하나님과 연결되어 있는 삶을 살 때 하나님은 우리 속에 자신의 성품을 절로 자라게 하신다.

엘리사 모건(Elisa Morgan)은 《내 마음의 열매 가꾸기》에서 이렇게 말했다. "성령의 열매는 우리의 능력에 관한 일이 아님을 기억해야 한다. 성령의 열매는 하나님이 주도권을 쥐고 행하시는 일에 우리가 협력할 때 우리의 삶 가운데서 자라나는 것이다. 그러므로 이 모든 열매가 동시에, 그리고 항상 자라게 하는 일은 우리의 책임이 아니다. 우리가 할 일은 그저 하나님이 우리 삶 속에 나타내고 싶어 하시지만 우리가 놓치고 있는 부분을 인식하고 하나님께 나아가 그 열매를 자라게 하실 것을 의도적으로 요청함으로써 농부 되신 하나님을 돕는 것이다."

성령의 열매로서의 성품은 인간의 학습과 노력만으로 성취되는 것이 아니다. 하나님의 은혜가 함께하심으로 이루어지는 선물이다. 부모와 교사로서의 우리의 책임은 우리 아이들이 하나님을 기쁘시게 하는 이런 삶을 사는 데 필요한 성품을 갖도록 양육하는 것이다. 그러므로 부모와 교사는 이러한 성품의 열매들이 아이들의 인격에 내면화되도록 성령의 도우심 가운데 가르쳐야 한다.

04

독서를 통한
성품 계발과
신앙 교육

"인간의 배움은
우선 가정과 이웃을 통해서 시작하지만
참 배움은 책을 통해서 비롯한다."
차인석(철학자)

독서를 통한 성품 계발

독서는 기초 학습력을 길러 줄 뿐만 아니라 자기 주도적 학습력, 문제 해결력, 사고력, 세상 읽기 능력을 신장시켜 주는 교육적 효과가 있다. 더욱이 21세기 지식 기반 사회에서는 지식의 활용과 생산을 돕는 학습이 강조됨에 따라 독서의 중요성이 더 강조되고 있다.

뿐만 아니라 독서를 통해 바람직한 성품을 계발하는 독서 지도와 독서 학습의 중요성이 부각되고 있다. 학습과 연계된 독서도 필요하지만 정보와 지식 중심의 독서는 사람다운 사람을 키우는 데 한계가 있기 때문이다. 이제는 부모와 교사가 양서와 신앙 도서를 통해 성품을 계발하고 신앙을 지도해야 한다.

아이에게 책을 읽어 주는 방법

아이들에게 책을 읽어 줄 때는 아이들의 독서 수준보다 약간 높은 책을 고르는 편이 좋다. 낭독은 자연스럽게 하고, 긴 문장은 알아듣기 편하게 끊는다. 그리고 아이들이 음성만 듣고도 등장인물을 구별할 수 있도록 음성을 다르게 한다. 잠자리에서 좋은 시를 읽어 주는 것도 좋다. 때때로 읽은 책을 주제로 대화를 나누거나 책 읽는 사람을 바꾼다. 이야기를 듣고 자라면서 아이는 혼자서 책 읽는 능력을 갖추게 된다.

옛사람들과 독서

《명심보감(明心寶鑑)》에는 '독서기가지본(讀書起家之本)'이라는 가르침이 나온다. '독서는 집안을 일으키는 근본'이라는 뜻이다. 우리 선조들은 독서가 사람이 사람답게 사는 데 필수적이라고 생각했다. 또한 한 집안을 훌륭한 가문으로 만들기 위해서는 그 집에서 책 읽는 소리가 끊이지 않아야 한다고 생각했다.

퇴계 이황은 '맏아들 준에게 보낸 편지'에서 독서에 관하여 이렇게 교훈하였다.

"독서에 어찌 장소를 택해서 하랴. 향리에 있거나 서울에 있거나, 오직 뜻을 세움이 어떠한가에 있을 따름이다. 마땅히 십분 스스로 채찍질하고 힘써야 할 것이며, 날을 다투어 부지런히 공부하고 한가하게 시간을 낭비해서는 안 될 것이다."(1540년 8월, 중종 35년)

조선 정조와 순조 시대의 학자 근암 최옥은 독서의 중요성과 부모의 역할에 관하여 이렇게 말했다.

"아이는 여덟 살부터 열다섯 살 사이에 인생이 결정된다. 아이를 학교에 보냈으면 다른 일에 신경 쓰지 않고 공부에 전념할 수 있도록 하는 것이 부모의 몫이다. 선비와 학생은 역할 바꾸기를 원하지 않을 것이다. 아이가 공부를 시작했으면 농사일을 하지 않게 해야 학생과 농부가 구분이 된다. 지금 아들이 학교에 입학을 했는데도 그로 하여금 말과 소를 먹여 기르게 하고, 때로는 들로 보내 물을 대게 하여 그 뜻을 독서에 전념케 하지 못하게 한다. 이런 경우 어찌 훌륭한 인재로의 성장을 바라겠는가."

우리 선조들이 자녀를 양육할 때 독서를 강조한 이유는 무엇일까? 옛사람들은 성공을 위한 독서를 그리 높이 쳐주지 않았다.

다산 정약용은 유배형에 처해지면서 그 아들들도 과거길이 막히는 폐족(廢族)이 되었는데, 아들들이 이에 실망하여 학문을 게을리하자 '두 아들에게 보내는 글'을 통해 이렇게 당부했다.

"폐족은 과거에 나가는 길이 기피될 뿐이지 성인(聖人)이 되는 길은 기피되지 않는다. 문장가가 되는 길이나 지식과 이치에 통달한 선비가 되는 길은 기피되지 않는다. 기피되지 않을 뿐만 아니라 과거의 폐단이 없어서 크게 낫기도 한 것이다."

옛사람들이 독서의 진정한 목표로 삼은 것은 정약용이 말한 '성인(聖人)이 되는 길'이었다. 세속적인 성공의 길은 독서의 한 부분에 불과했다. 옛사람들은 독서를 하지 않으면 사람이 짐승처럼 된다고 생각했다.

우리 선조들은 독서를 단순히 성공과 출세를 위한 방편으로 강조하지 않았다. 그들은 자기가 본래 갖고 있는 본성을 찾기 위해서, 혹은 자신의 존재 이유를 알기 위해서 글을 읽었다. 또한 자녀들이 지혜가 담긴 글을 가까이함으로써 마음 곳간이 넉넉해지고 그 성품이 올곧고 아름다워지기를 바라는 마음에서 책 읽기를 권하였다.

영적 성숙을 위한 독서

미국의 소설가 존 스타인벡(John Ernst Steinbeck)은 "독서는 인간 정신이 수행해야 할 가장 소중한 노력이며 어려서부터 기울여야 하는 노력이다."라고 말했다.

역사를 살펴보면 많은 사람이 책을 통해 정신 성장과 신앙 성숙을 경험하였다. 일반적으로 그들은 책을 통해 지혜와 덕(德), 그리고 꿈을 갖게 되었다. 특히 인물 전기는 젊은이들에게 용기와 꿈을 주었고, 삶의 모델을 제시해 주곤 했다.

백금산 목사(예수가족교회)는 "독서의 목적은 영적 성장"이라고 말한다. 독서는 기도와 더불어 영적 성장을 위한 날개라는 것이다. 그는 "교회사의 영적 거인들의 공통점은 독서이며, 그들은 모두 최고의 독서가였다."고 강조한다.

독서 동기로 볼 때 독서는 크게 세 종류로 나뉜다. 첫째, 여가 선용으로서의 독서, 둘째, 정보와 지식을 얻기 위한 독서, 셋째, 영적 성숙을 위한 독서이다.

기독교인은 예수 그리스도를 온전히 닮기 위해서 책을 읽어야 한다. 예수님을 닮는다는 것은 하나님의 형상(Image of God)을 온전히 회복하는 일이다. 기독교인은 성경을 읽을 뿐만 아니라 성경의 가르침을 바탕으로 한 기독교 도서와 신앙인의 삶을 소개한 인물 전기도 읽어야 한다.

복음주의의 거장 제임스 패커(James I. Packer)는 "청교도 거인들의 교훈과 모범은 우리에게 많은 것을 말해 준다."고 했다. 어린이들은 신앙 인물 전기를 통해서 본받고 따르고 싶은 롤 모델을 만날 수 있다. 앞서 걸어간 신앙 선배들이 어떻게 주님을 따르고 본받았는지를 아는 것은 신앙 성숙에 도움이 된다. 어린이들은 책을 통해서 신앙 위인들의 모범을 배울 수 있고, 더 나아가 주님을 닮는 법을 배울 수 있다.

발달 단계별 신앙 교육

어린이와 신앙 발달

어린이는 진실로 하나님을 경험할 수 있는가? 그들이 하나님과 진정한 관계를 맺는 것이 가능할까? 어린이는 '하나님이 내 곁에 가까이 계신다.'고 느낄 수 있는가? 답은 '그렇다'이다.

어린이들과 함께 사역하는 사람들은 어린이가 하나님의 임재 속에서 누리는 평화나 기쁨을 표현할 때 종종 감동을 받는다. 성경 역시 하나님을 경험한 어린이에 대해 이야기한다. 사무엘은 젖을 뗀 후에, 성전에서 봉사하도록 하나님께 바쳐졌고 하나님의 임재 앞에서 성장했다(삼상 1-3장). 천사는 사가랴에게 세례 요한이 그의 어머니의 태중에 있을 때부터 성령으로 충만하게 될 것이라고 예언하였다(눅 1:15). 다윗은 유아기 때부터 하나님이 이미 자신의 하나님이었음을 선언하였다(시 22:9-

10; 71:6).

예수님은 제자들에게 "어린아이들을 용납하고 내게 오는 것을 금하지 말라"(마 19:14)고 말씀하셨다. 어린이들은 예수님과 시간을 보내는 동안 예수님을 알고 사랑하게 되었다.

아동기는 성인기의 기초가 형성되는 시기이다. 즉 아동기의 모든 경험은 성인기 행동의 여러 특성을 결정하는 원인이 된다. '세 살 버릇이 여든까지 간다.'는 우리 속담은 곧 서너 살 때의 모든 경험이 일생을 특징지을 뿐만 아니라 인생의 말기로 보는 팔순까지의 기초를 형성한다는 의미로 이해할 수 있다. 출생 후 약 8세까지 인간 지능의 80% 정도가 발달하고, 만 6세까지는 인간 성격의 기본 기틀이 거의 형성된다고 한다.

아동기에 들어서면 확립된 기본 생활 습관을 바탕으로 사회 구성원으로서 생활하는 데 필요한 기초 역량을 배양해야 한다. 아동기 어린이들은 학교 급우, 또래와 친구 관계를 원활하게 맺고 또래 집단의 일원으로서 인정받고 신뢰하는 관계를 형성해야 한다. 특히 자신의 감정과 충동을 억제하고 타인의 입장에서 이해하고 판단하는 능력을 키워야 한다. 그렇게 함으로써 스스로 내적인 도덕적 통제력을 키울 수 있다.

이 시기 어린이들에게는 하나님의 형상대로 지음 받은 자로서 긍정적인 자아 개념을 가질 수 있도록 하며 또래, 형제, 어른 들을 사랑하도록 지도해야 한다. 또한 자기 자신과 다른 사람에 대한 긍정적인 태도를 길러 주어야 하고, 개인으로서는 일상생활에 필요한 기본적인 습관과 태도를 길러 주어야 한다.

아동기의 신앙 발달은 단계적으로 이루어진다. 《신앙의 발달 단계》를 저술한 미국의 신학자 제임스 파울러(James Fowler)에 의하면, 3~7세의 아동은 부모의 신앙과 분위기, 그리고 본보기가 되는 행동과 이야기들에 의해 신앙이 발달한다. 이 시기에는 개념에 대한 이해를 통해 신앙을 배우지 않고 성인이 보여 주는 신앙 표현을 직관적으로 습득하는 가운데 익힌다. 즉 모방의 단계라고 할 수 있다.

7~11세가 되면 서서히 신앙의 내용을 문자로 공부하기 시작한다. 기독교 도서뿐 아니라 부모, 교사, 교회 지도자, 기독교의 관습과 전통, 미디어 등도 이 시기의 신앙 발달에 영향을 미친다. 이 시기는 공동체를 상징하는 이야기와 신념, 그리고 관습을 자신의 것으로 받아들이는 단계이다. 그러나 자기 성찰의 능력은 부족한 시기이다.

어린이의 신앙 형성에 영향을 미치는 중요한 요인 중 하나는 어린이의 지적 발달이다. 어린이는 자신이 믿는 것을 알 필요가 있다. 어린이가 기초적인 신앙 지식을 갖게 되면 부모와 교사는 계속해서 어린이의 신앙이 성장할 수 있도록 도와주어야 한다. 따라서 부모와 교사는 어린이의 눈높이에 맞추어 단계적으로 성경을 가르치고 기독교의 진리를 전해 줄 필요가 있다.

신앙의 기본은 예배의 대상이신 하나님에 관하여 바르게 알고 섬기는 것이다. 성경은 하나님을 경외하는 것이 지식의 근본이라고 가르치고 있다(잠 1:7). 따라서 어린이들도 하나님을 아는 지식에서 점진적으로 성장해야 한다.

 ## 어린이들이 '하나님'에 관하여 배워야 할 내용

초등학교 1~3학년

1. 하나님은 강하시고 믿을 수 있다.

2. 하나님은 거룩하시고 죄를 미워하신다.

3. 하나님은 용서하시는 아버지이시다.

4. 하나님께 찬양과 기도를 드릴 수 있다.

5. 하나님은 세상 모든 사람과 나를 사랑하신다.

6. 하나님은 그가 지으신 세계와 나를 돌보신다.

7. 하나님은 우리가 기도하고 성경 읽기를 원하신다.

초등학교 4~6학년

1. 하나님은 절대로 완전하고 거룩하고 공의로우신 분이시다.

2. 하나님은 왕이시다.

3. 하나님은 한 분이시나 삼위(성부, 성자, 성령)가 계신다.

4. 하나님께 충성해야 한다.

5. 하나님은 율법을 주셨고, 권위가 있으시다.

6. 하나님은 죄의 심판자이시다.

7. 하나님은 나를 위한 목적과 계획을 가지고 계시다.

어린이들은 예수님을 친구처럼 생각하며 사랑하고 섬긴다. 창조주 하나님에 관하여 알아 가면서, 동시에 구주와 주(主) 되시는 예수 그리스도를 알아 가는 것은 매우 중요하다. 예수님은 "영생은 곧 유일하신 참 하나님과 그가 보내신 자 예수 그리스도를 아는 것이니이다"(요 17:3)라고 말씀하셨다.

 ## 어린이들이 '예수님'에 관하여 배워야 할 내용

초등학교 1~3학년

1. 예수님은 하나님이시고 사람이시며 그리스도이시다.

2. 예수님은 개인이 받아들일 수 있는 구세주이시다.

3. 예수님은 어린이의 모범이시다.

4. 우리는 예수님을 신뢰할 수 있다.

5. 예수님은 하나님의 아들이시다.

6. 예수님은 우리의 죄를 위해 죽으시려고 이 세상에 오셨다.

7. 예수님은 다시 살아나셔서 지금은 하늘에 계신다.

초등학교 4~6학년

1. 예수님은 최고의 영웅이시다.

2. 예수님은 나의 구세주이시다.

3. 예수님은 나의 주인이시다.

4. 예수님은 공식적인 신앙 고백의 대상이시다.

5. 예수님 자신이 육신을 입음으로써 하나님이 계획하신 일을 행하실 수 있었다.

6. 예수님은 나의 본보기가 되셨다.

7. 예수님은 동정녀에게서 태어나셨다.

기독교는 한 책(The Book), 바로 성경의 종교이다. 미국의 제6대 대통령 존 퀸시 애덤스(John Quincy Adams)는 이렇게 말했다. "나는 매일 아침 잠자리에서 일어나자마자 성경을 네다섯 장 정도 읽는다. 나는 이렇게 하는 것이 하루를 시작하는 가장 바람직한 태도라고 생각한다. 아침 성경 읽기는 지식과 능력을 공급해 주는 매우 귀중하며 무한한 보고(寶庫)이다." 이처럼 어린이들은 어려서부터 성경을 가까이하고 그 말씀을 암송하며 그 가르침에 익숙해져야 한다.

바울은 '디모데에게 보낸 편지'에서 성경의 중요성에 관하여 이렇게 교훈하였다. "또 어려서부터 성경을 알았나니 성경은 능히 너로 하여금 그리스도 예수 안에 있는 믿음으로 말미암아 구원에 이르는 지혜가 있게 하느니라. 모든 성경은 하나님의 감동으로 된 것으로 교훈과 책망과 바르게 함과 의로 교육하기에 유익하니 이는 하나님의 사람으로 온전하게 하며 모든 선한 일을 행할 능력을 갖추게 하려 함이라"(딤후 3:15-17).

🦋 어린이들이 '성경'에 관하여 배워야 할 내용

초등학교 1~3학년

1. 하나님의 책으로서 하나님에 관하여 말씀하고 있다.
2. 기적 이야기가 있다.
3. 내 인생에서 권위를 가지고 있다.
4. 내 문제의 해결책을 찾을 수 있다.
5. 반드시 읽고 암송해야 한다.
6. 크게 구약과 신약의 두 부분으로 되어 있다.

초등학교 4~6학년

1. 하나님의 표준을 알려 준다.
2. 배워야 할 연대기, 역사, 지리를 담고 있다.
3. 내 문제의 해답을 알려 준다.
4. 일상생활의 경건을 위해 사용되어야 한다.
5. 존중하고 암기해야 할 책이다.
6. 우리의 일상생활에 옮겨야 할 하나님의 진리이다.

어린이들은 교회 공동체 안에서 자연스럽게 신앙의 유산을 물려받는다. 교회는 하나님의 백성, 그리스도의 몸, 그리고 성령의 전(殿)이다. 하나님의 교회에 관한 바른 이해는 어린이의 신앙생활에서 매우 중요한 부분이다.

 어린이들이 '교회'에 관하여 배워야 할 내용

초등학교 1~3학년

1. 교회는 하나님의 집이다.

2. 교회는 하나님의 백성이 모이는 장소이다.

3. 교회는 내가 책임을 맡고 있는 가족과 같다.

4. 교회에는 내가 이해해야 하는 의식이 있다.

5. 교회는 단순한 건물만이 아니라 그 속에 있는 사람들까지 포함한다.

초등학교 4~6학년

1. 교회는 내가 회원이 되어야 하는 곳이다.

2. 나는 교회에서 의무가 있다.

3. 교회는 내가 내 친구에게 주님과 그 말씀을 소개하는 장소이다.

4. 교회는 경배의 장소이다.

5. 교회는 하나님께 봉사할 수 있는 장소이다.

어린이들도 인간관계 속에서 살기 때문에 여러 가지 문제에 직면하게 된다. 가정생활과 학교생활, 그리고 교회생활 속에서 일어나는 문제를 지혜롭게 해결해야 한다. 따라서 부모와 교사는 어린이들이 각자의 믿음을 삶에 적용하도록 지도해야 한다.

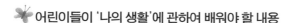 **어린이들이 '나의 생활'에 관하여 배워야 할 내용**

초등학교 1~3학년

1. 내 문제를 통해 하나님의 도우심을 구할 수 있다.

2. 하나님의 뜻과 말씀의 관점에서 인생을 해석해야 한다.

3. 죄에 대해 슬퍼하는 태도를 가져야 한다.

초등학교 4~6학년

1. 하나님의 기준에 따라 살아야 한다.

2. 다른 사람을 고려해야 한다.

3. 하나님께서는 내 삶에 대한 계획을 갖고 계신다.

4. 문제가 하나님의 말씀으로 해결된다.

어린이의 신앙은 점진적으로 성장한다. 발달 단계에 따라 배우고 경험해야 하는 것들이 있다. 따라서 독서를 통한 성품 계발과 신앙 지도는 이러한 발달 단계를 고려하여야 한다.

어린이의 발달과 교사의 지도

어린이의 발달은 여러 방면에서 동시적으로 이루어진다. 따라서 부모나 교사는 신체적 발달과 지적 발달, 사회적 발달과 정서적 발달, 그리고 영적 발달의 모든 면에 관심을 가지고 지도해야 한다.

일반적으로 아이들의 발달 단계는 다음과 같이 분류한다.

태아기(fetal stage) : 임신에서 출생까지

영아기(Infant / toddler) : 출생에서 3세까지

유아기(preschooler / early childhood) : 4세부터 7세까지

아동기(childhood) : 8세부터 13세까지(초등학교 시기)

먼저 초등학교 저학년 어린이의 발달과 그에 따른 지도에 대해 알아보기로 한다.

🦋 저학년 어린이의 발달과 교사의 지도

저학년 어린이의 신체적 발달의 특징

소근육이 발달하고, 신체 활동이 왕성해진다. 이 시기는 활력이 넘치지만 불

규칙하게 에너지를 발산하기도 한다. TV나 컴퓨터 게임을 장시간 하는 경우에는 시력이 감퇴하기도 한다. 따라서 교사는 저학년 어린이가 소근육을 활용할 수 있는 활동을 할 수 있도록 배려해야 한다. 어린이들이 활동을 통하여 배우도록 해야 하고, 어린이들이 무리하지 않도록 휴식과 활동을 균형 있게 지도해야 한다. 또한 지나치게 오랜 시간 동안 독서하지 않도록 살펴서 지도해야 한다. 이 시기에는 다양한 시각 자료를 교육에 사용하면 좋다.

저학년 어린이의 지적 발달의 특징

집중력이 떨어지고, 광범위한 분야의 독서를 하며, 현실과 공상을 구분할 수 있다. 이 시기에 어린이는 자아를 통제하는 것을 배운다. 그러나 공간적 거리 개념이 매우 약하다. 따라서 교사는 가르치는 내용을 단순화시켜서 한 번에 한 가지 개념만 설명해야 한다. 어린이에게 성경 읽는 법을 지도하고, 어린이들이 자신의 삶을 변화시키도록 도와주어야 한다. 또한 성경의 현실성을 가르쳐 주어야 한다.

저학년 어린이의 사회적 발달의 특징

모방적이고 창의적이다. 그리고 처음에는 경쟁하지 않던 어린이도 학년이 올라가면서 경쟁적이 되고, 승부를 가리는 게임을 즐긴다. 문제가 있을 때 자신의 정당성을 주장하고, 때로는 이성(異性)에 대해 적대감을 갖는다. 저학년 어린이의 사회적 발달을 위해 교사는 저학년 어린이들이 의존감과 책임감을 적절히 키울 수 있도록 지도해야 한다. 함께 협동하며 지내는 것을 배우도록 지도하고, 공평하고 정의롭게 행동하도록 지도해야 한다. 또한 긍정적인 가치관을 심어 주고, 적대감 유발 요소를 가능한 한 없애야 한다. 더 나아가 성경의 위대한 인물을 소개하고 본받을 수 있도록 지도해야 한다.

저학년 어린이의 정서적 발달의 특징

감정이 쉽게 동한다. 그들은 옳고 그름에 관심이 많고, 대부분 흑백 논리로 논쟁한다. 안정과 새로움 사이의 갈등이 있고(1학년), 인정받기 원하며 완벽주의 경향이 있다(2학년). 3학년이 되면 평온, 침착 그리고 신념을 키우게 된다. 저학년 어린이의 정서적 발달을 위해 부모나 교사는 우선적으로 어린이들의 미움의 감정을 조정하고, 사랑의 감정을 훈련시켜야 한다. 잘한 일은 보상하고, 잘못된 것은 엄격하게 지도한다. 어린이들이 안정감을 가지고 도전할 수 있는 환경을 제공하고, 과제나 작업을 위한 충분한 시간을 제공하고 칭찬하며 격려한다. 또한 성경에 근거하여 자기의 믿음을 증거할 수 있도록 돕는다.

저학년 어린이의 영적 발달의 특징

죄의식, 구원 의식을 가진다. 초자연을 인정하고, 성경을 삶에 적용할 수 있다. 따라서 교사는 구체적이고도 간단명료하게 복음과 그리스도를 소개하여 개인적으로 접할 수 있도록 해야 한다. 그리고 성경의 기적과 초자연적인 현상들을 소개하고 가르칠 수 있고, 일상의 구체적인 삶의 현장에서 성경을 생활에 적용하도록 도울 수 있다.

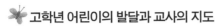 고학년 어린이의 발달과 교사의 지도

초등학교 고학년 어린이의 신체적 발달의 특징

에너지가 넘치고, 빠르게 성장한다. 어린이들은 건강한 신체에 관심이 있고, 자발적인 실외 활동을 좋아한다. 따라서 교사는 건설적이고 능동적인 일거리를 제공해야 하고 다양한 실외 활동 프로그램을 준비해야 한다.

고학년 어린이의 지적 발달의 특징

호기심이 많고 관심사가 다양하다. 어린이들은 논리적이고 합리적이다. 기억력이 뛰어나고 둘 이상의 사물을 연결시켜 사고할 수 있다. 따라서 교사는 다양한 분야의 흥미를 유발하고, 합리적인 행동과 말로 지도해야 한다. 어린이들에게 성경 암송을 지도하고, 성경의 연대와 역사적 사건, 성경의 지리 등을 가르칠 수 있다.

고학년 어린이의 사회적 발달의 특징

책임감과 군집 본능이 강하다. 이 시기에는 이성에 대한 적대감이 나타나기도 한다. 또한 경쟁을 좋아한다. 따라서 교사는 책임을 질 수 있는 일거리를 제공해야 한다. 또한 또래 집단의 경향을 잘 파악하고 지도해야 한다. 때로는 남녀

를 나누어 지도하고, 적대감 없이 선의의 경쟁을 통하여 함께 성숙해 가는 것을
가르쳐야 한다.

고학년 어린이의 정서적 발달의 특징

성인의 간섭을 싫어하고, 취미가 다양하다. 따라서 교사는 그들을 격려해 주
고 성취의 기회를 제공해 주어야 한다. 또한 다양한 활동을 어려워하지 않도록
지도해야 한다. 그들의 취미에 관심을 가져 주고 교회와 관련된 취미 활동을 장
려해야 한다.

고학년 어린이의 영적 발달의 특징

영웅을 좋아하고, 충성심과 정의감이 있으며, 실제적인 것을 좋아한다. 따라
서 교사는 성경의 인물들을 소개하고 그를 본받도록 지도해야 한다. 예수님께
로 충성심이 집중되도록 지도하고, 부모에게 순종하는 것을 배우도록 가르쳐
야 한다. 또한 죄에 대하여 정확하게 가르치고 복음을 제시하며, 성경의 진리를
행할 수 있도록 격려해 주어야 한다.

"Leaders are readers. Readers become leaders."

2부

성품 계발을 위한
주제별 독서

감사하는 아이로
키우는 책

"감사하는 마음은
가장 고귀한 미덕일 뿐만 아니라
다른 모든 미덕의 근원이다."

마르쿠스 키케로(로마의 정치가 · 학자 · 작가)

감사란 무엇인가?

감사의 사전적 의미는 '고마움을 나타내는 인사' 또는 '고맙게 여기는 마음'이다. '사람이 얼마나 행복한가는 그의 감사의 깊이에 달려 있다.'는 말이 있다.《탈무드》에는 "세상에서 가장 지혜로운 사람은 배우는 사람이고, 세상에서 제일 강한 사람은 자신과의 싸움에서 이긴 사람이며, 세상에서 가장 행복한 사람은 감사하며 사는 사람이다."라고 쓰여 있다.

대표적 기독교 고전 가운데 하나인《그리스도를 본받아》를 쓴 토마스 아 켐피스도 "하나님은 항상 감사하는 자에게 축복을 주시며 그의 축복을 교만한 자의 손에서는 거두시나 겸손한 자에게는 언제나 허락하신다."고 했다.

감사는 성경이 강조하는 덕목이다. 성경에는 '감사' 또는 '감사하라'는 단어가 188번 나온다(개역개정 기준). 특히 하나님에 대한 감사, 하나님의 사랑과 은혜에 대한 감사를 강조하고 있다. 예를 들면, 〈시편〉에서는 다음과 같이 노래한다.

"주의 성도들아 여호와를 찬송하며 그의 거룩함을 기억하며 감사하라"(시 30:4).

"우리가 감사함으로 그 앞에 나아가며 시를 지어 즐거이 그를 노래하자"(시 95:2).

〈시편〉에서는 '감사로 제사를 드리는 자'가 하나님을 영화롭게 한다고 말했다. 우리가 아는 대로 〈시편〉을 쓴 다윗은 찬양의 사람이었다. 그가 하나님께 자신의 사랑을 전하는 데 사용한 주된 표현은 찬양과 감사의 말이었다.

신약성경에서도 감사는 가장 강조되는 덕목 가운데 하나이다. 감사는 피조물인 인간이 창조주에게 나타내야 하는 덕목이기도 하다. 그러나 타락한 인간은 하나님께 감사하는 영성을 잃어버렸다. 사도 바울은 〈로마서〉 1장 21절에서 타락의 결과를 다음과 같이 표현하고 있다. "하나님을 알되 하나님을 영화롭게도 아니하며 감사하지도 아니하고 오히려 그 생각이 허망하여지며 미련한 마음이 어두워졌나니"

하나님과의 관계를 회복한 사람은 감사하는 사람이 된다. 사도 바울은 〈골로새서〉 3장 17절에서 "또 무엇을 하든지 말에나 일에나 다 주 예수의 이름으로 하고 그를 힘입어 하나님 아버지께 감사하라"고 권면하고 있다. 또한 감사는 기도의 중요한 요소이다. "아무것도 염려하지 말고 다만 모든 일에 기도와 간구로, 너희 구할 것을 감사함으로 하나님께 아뢰라"(빌 4:6).

교회사에서 우리는 감사의 삶을 산 모범적 인물들을 만날 수 있다. 18세기 영국 최고의 설교자 조지 화이트필드(George Whitefield)는 매일의 행동 지침을 정하고 그에 따라 하루를 살았다.

조지 화이트필드의 행동 지침

1. 개인기도 시간에 뜨겁게 기도했는가?

2. 정해진 기도 시간을 지켰는가?

3. 모든 시간을 아꼈는가?

4. 모든 대화나 행동을 하기 전에 하나님의 영광을 추구했는가?

5. 어떤 기쁨 후에 즉시 감사했는가?

6. 하루의 일을 계획 가운데 진행했는가?

7. 모든 면에 검소하고 침착했는가?

8. 무슨 일을 행할 때 열심히 혹은 힘 있게 행했는가?

9. 말하고 행동하는 모든 면에서 온화하고 상냥하며 친절했는가?

10. 다른 이에 대하여 교만하거나, 허탄하게 굴거나, 참지 못하거나, 투기하지는 않았는가?

11. 먹고 마시는 일에서 자신을 돌아보았으며, 감사한 마음을 가졌으며, 잠자는 일에서 절제가 있었는가?

12. 하나님께 감사하는 일에 시간을 드렸는가?

13. 연구하는 일에 부지런했는가?

14. 다른 사람에 대하여 불친절하게 생각하거나 말하지 않았는가?

15. 모든 죄를 고백했는가?

이 지침에는 감사에 관한 항목이 세 가지 나온다. 이는 기독교인의 삶에서 감사의 태도가 필수적이라는 점을 잘 보여 준다.

우리는 어떻게 감사의 마음과 태도를 가질 수 있을까? 이 소중한 덕목을 키우는 훈련은 작은 일에서부터 시작할 수 있다. 그 방법 가운데 하나는 매일 고마운 사람을 떠올려 보는 것이다. 조용히, 평화로운 마음으로 고마운 사람을 한 사람 떠올리고 나면, 그 사람의 영상 뒤에 또 다른 사람의 얼굴이 계속해서 떠오른다. 그리고 감사해야 하는 다른 것들, 즉 가족, 건강, 친구 들을 생각하게 된다.

어떤 이는 좋은 책을 읽으면서 감사의 마음을 갖기도 한다. 조만제 교수는 "책은 선인들의 유산으로서 그 시대에 대한 경의와 감사한 마음을 가지고 읽어야 한다."고 말했다.

《예기치 못한 사랑》을 쓴 존 엘드리지(John Eldredge)는 '감사의 글'에서 부모에게 다음과 같이 감사한다. "내게 낚시를 가르쳐 주고, 서부를 알려 주었으며, 물과 숲에서 나와 함께 많은 시간을 보낸 아버지께 감사드린다. 또한 내게 연극의 세계와 셰익스피어 문학을 가르쳐 준 어머니께도 감사드린다."

성품 계발에서 감사는 영적 성숙의 척도이다. 하나님께서는 우리에게 어떤 성품을 원하시는가?《예수의 품성을 가진 크리스천》을 쓴 마이클 지가렐리(Michael Zigarelli)는 하나님이 원하시는 성경적 품성의 중심에는 감사·기쁨·하나님 중심의 신앙이 있다고 했다. 그에 의하면 감사는 한 사람의 품성을 놀랍게 변화시키는 힘을 갖고 있다. 감사의 성품을 키우기 위해 '감사 일기'를 쓰는 사람도 있다. 감사 일기를 쓰는 영적 훈련에는 감사하는 마음을 성장시키는 힘이 있다. 매일 감사 제목 다섯 가지를 적어 보면 뜻밖에도 감사할 만한 내용이 많은 것을 발견할 수 있을 것이다.

우리 인생에서 노력보다 훨씬 더 중요한 것은 바른 자세이다. 그것은 하나님을 향한 감사와 기대와 기도이다. 하나님에 대한 첫 번째 삶의 자세는 감사라는 것이다. 어린이는 일상의 경험 속에서도 감사하는 법을 배워야 한다. 하나님을 기쁘게 하는 사람은 작은 것을 받아도 받은 것을 받았다고 바로 감사하는 사람이기 때문이다.

아이에게 감사를 가르치는 방법

전광 목사는 《평생감사》에서 "모든 일에 감사한 마음을 갖는다면 지금의 내 자리가 곧 천국이다."라고 말했다.

우리 자녀에게 감사의 태도를 가르치는 일은 무엇보다도 우선되는 과제이다. 영국의 신사임당이라고 할 만한 존 웨슬리의 어머니 수산나 웨슬리(Susanna Wesley)는 '양육 원칙'을 가지고 자녀를 키웠다.

🦋 수산나의 자녀 양육 원칙

1. 간식을 허락하지 않는다.

2. 일찍 잠을 재운다.

3. 투덜대지 않고 약을 먹도록 한다.

4. 아이들이 말할 수 있으면 기도를 가르친다.

5. 거짓말하는 것을 막는다.

6. 악한 행실에는 반드시 벌을 준다.

7. 똑같은 죄에 대하여 절대로 두 번 벌을 주지 않는다.

8. 잘하는 일에는 항상 칭찬한다.

9. 약속은 엄격히 지키게 한다.

10. 아이들이 매를 무서워하도록 가르친다.

11. 주일에는 반드시 헌금을 주어 교회에 보낸다.

12. 범사에 감사를 가르친다.

수산나는 자녀의 품성과 관련된 훈련 가운데 '감사의 습관'이 중요하다고 생각했다. 이러한 원칙은 일종의 '가정 헌법'이다. 자녀의 영성과 품성을 바르게 키우는 일은 이러한 원칙을 세우는 데서 출발한다.

아름다운 기도문으로 유명한 신학자 존 베일리(John Baillie)는 한 달 31일 동안 아침과 저녁에 드리는 감사 기도문을 남겼다.

✢ 존 베일리의 '제24일 저녁' 기도

하늘에 계신 우리 아버지,

우리의 날마다의 생활을 다음과 같은 여러 가지 복으로 풍부하게 채워 주심을 영광과 찬송으로 감사드립니다.

가족과 함께 사는 집과 가까운 친족과 사랑하는 친구들과 봉사할 사람과 봉사할 만한 일을 주심에 대하여 감사하오며 내가 살고 있는 신선한 세계와 내 머리 위에 있는 푸른 하늘과 호흡할 수 있는 깨끗한 공기를 주심에 대하여 감사합니다.

건강을 위한 운동과 순결한 쾌락을 주시고 내 민족의 유구한 역사와 위대한 인물들을 기억할 수 있는 가치 있는 훌륭한 서적을 주셔서 감사합니다.

또한 기쁨을 주는 예술과 기술을 가질 수 있는 재능과 어디서 왔는지 알 수 없으나 나의 마음을 채우는 그 고상한 생각을 주셔서 감사하오며 기쁨과 침울에 싸인 수많은 날에 나의 심령에 주신 주님의 신령한 평안을 감사합니다.

나의 영혼에 거하는 성령으로부터 오는 뛰어난 지각과 주님의 평강을 주시고 죽음을 통하여 바라보는 신앙과 무덤 저쪽에 있는 보다 더 큰 생명에 대한 소망, 이 모든 것을 주께 감사드립니다.

주 하나님, 당신은 우리 인류에게 언제든지 풍부한 손으로 당신의 복을 주셨습니다. 당신은 우리들을 위해 예수 그리스도 안에서 큰일을 이루셨음을 감사합니다.

가정을 좀 더 안락하게 하며 친구를 더욱 존경하게 하시고 슬픔을 기쁨으로, 괴로움을 영혼의 승리로 변하게 하여 주셔서 감사하오며 사망의 쏘는 것을 해소하시고 죄의 능력을 소멸하시고 평강을 더욱 평화스럽게, 기쁨을 더욱 기쁘게, 믿음과 소망을 더욱 견고하게 하신 하나님께 감사하여 기도드립니다. 아멘.

교회 학교에서 어버이주일이나 추수감사절을 맞이할 때 감사를 주제로 글을 쓰는 경우가 있다. 이때 아이들이 쓴 글을 보면 처음에는 다소 유치하지만 학년이 올라가면서 철이 들어 간다는 것을 느낄 수 있다. 무엇보다도 아이들의 글에서 구체적인 감사의 내용이 나타난다.

한 달에 한 번이라도 가족이 한자리에 모여 지난 한 달 동안의 삶을 나누며 감사한 내용을 찾아보는 것도 의미 있는 일이다. 특히 자녀들은 부모가 감사의 삶을 사는 모습을 보면서 자연스럽게 본받을 수 있다. 웃음이 전염되듯이 감사의 태도와 분위기는 점염성이 있다.

감사를 가르쳐 주는 책

《하나님께 감사드릴 거야》는 유명한 기독교 작가 맥스 루케이도 목사가 어린이를 위해 쓴 책이다. 이야기의 배경은 구약성경 〈출애굽기〉 15장에 나오는 출애굽 사건이다. 하나님께서는 모세를 통해 이스라엘 백성을 이집트에서 기적적으로 구출하신다. 구원받은 이스라엘 백성은 하나님께 감사의 찬송을 드린다. 이 책은 이 감사의 찬송을 아이들의 눈높이에 맞춰 구성한 것이다.

이 동화의 주인공은 하나님을 사랑하는 나비 애벌레 '허미'다. 맥스루케이도는 독창적인 상상력으로 허미와 곤충 친구들이 겪는 생활 속 많은 사건을 성경의 이야기와 연결시킨다. 동화로 풀어 자연스럽게 아이들에게 성경의 메시지를 전해 주는 것이 이 책의 장점이다.

곤충 캐릭터의 인상적인 표정과 행동은 아이들의 시선을 사로잡기에 충분하다. 어른들도 감동받을 만하다. 아이를 품에 안고 이 책을 읽어주거나 이야기를 들려주면 스킨십을 통해 정서적 교감이 이루어지는 가운데 하나님의 말씀이 아이들의 마음속에 깊이 남게 될 것이다. 이 책은 '허미가 들려주는 성경 이야기(Hermie & Friends)' 시리즈 중 한 권이다.

《나무는 좋다》는 더불어 사는 인간과 나무를 주제로 한 서정시이다.

나무는 숲을 이룬다.

나무는 세상 모든 것을 아름답게 한다.

나무는 그네를 매달 수 있어서 좋다.

또 꽃바구니도 걸 수 있어서 좋다.

나무는 일하다가 쉴 때에 괭이를 걸쳐 놓기에도 좋다.

사람들은 나무를 보며 살아왔고 지금도 나무가 주는 온갖 혜택을 누리고 있다. 이 책은 우리가 무심히 바라보던 나무를 새로운 시선으로 보도록 이끌고, 나무가 사람들 가까이에서 무엇을 하고 있는지를 깨우쳐 준다. 이 책에 따르면, 나무는 산소를 만들어 준다. 산소가 있어야 우리는 호흡을 할 수 있다. 뿐만 아니라 아이가 나무에서 놀 수도 있고, 그네를 매달 수도 있고, 온 가족이 쉴 수도 있다. 이 책을 통해 아이는 나무에 대해 고마운 마음을 느낄 수 있다. "나무야, 고마워!"라고 말할 수 있는 아이로 키울 수 있는 책이다.

《어린이를 위한 평생감사》는 감사 법칙의 비밀을 어린이 눈높이로 설명하는 책이다. 전광 목사의《평생감사》를 어린이를 위해 재구성한 것으로, 아름다운 그림과 감동적인 글로 어린이들에게 감사의 덕목을 가르쳐 준다. 전광 목사는 감사의 의미를 사계절과 연결시켜 설명했다. 봄의 이미지와 연결시키면 '감사는 가슴속에서 피어오르는 아지랑이 같은

하나님께 감사드릴 거야

맥스 루케이도 지음 | 장상혁 옮김 |
두란노키즈 | 2008 | 유아용

하나님을 사랑하는 나비 애벌레 허미
와 곤충 친구들이 겪는 생활 속 일화를
성경 속 사건과 접목함으로써 아이들
이 하나님의 말씀인 성경을 친숙하게
여길 수 있도록 구성했다.

나무는 좋다

재니스 메이 우드리 글 | 마르크 시몽 그림 |
강무홍 옮김 | 시공주니어 | 1997 | 유아용

나무가 인간에게 주는 여러 혜택을
과학적으로 설명하거나 의도적으로
지식을 주려 하지 않는데도 나무의
소중함과 인간에게 소중한 자연의
의미를 되새겨 볼 수 있다.

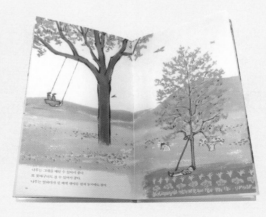

것', 여름의 이미지와 연결시키면 '감사는 뜨거운 태양빛 가운데 불어오는 시원한 바람 같은 것', 가을과 연결시키면 '감사는 톡 터질 것 같은 열매의 풍성함 같은 것', 겨울과 연결시키면 '감사는 사뿐히 내려앉는 깨끗한 눈꽃 같은 것'이다.

이 책은 어린이들이 부모와 형제, 친구와 이웃 그리고 선생님 등 소중한 사람들에게 감사를 표현하도록 이끌며, 언제나 하나님께 감사할 줄 아는 어른으로 성장하도록 도와준다. 따라서 모든 일에 감사한 마음을 갖도록 이끌어 아이들의 마음에 감사의 습관을 심어 줄 것이다.

《손양원》은 우리나라의 대표적 순교자인 손양원 목사의 신앙 인물 전기이다. 이 책은 일곱 살 때부터 아버지를 따라 교회에 나가서 말씀을 배우고, 그 말씀대로 하나님을 사랑하고 이웃을 사랑하다가 순교한 손 목사의 삶을 감동적으로 기록하였다.

손 목사는 일제강점기 시절에 신사참배를 거부하여 고난을 겪었다. 뿐만 아니라 1948년 여순사건(여수 순천 14연대 사건) 때 손 목사의 두 아들이 좌익운동 학생에 의해 순천에서 처형되었다. 사랑하는 두 아들을 잃은 손양원 목사는 장례식을 치를 때 다음과 같이 감사했다.

"첫째, 나 같은 죄인의 혈통에서 순교의 자식들을 나오게 하였으니 하나님께 감사합니다.

둘째, 허다한 많은 성도 중에 어찌 이런 보배들을 주께서 하필 내게

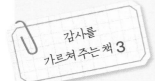

감사를
가르쳐주는책3

어린이를 위한 평생감사

전광, 임금선 지음 | 생명의말씀사 |
2007 | 저학년용

어린이들이 부모와 형제, 친구와 이웃,
그리고 선생님 등 소중한 사람들에게
감사의 마음을 표현하도록 이끌며, 언
제나 하나님께 감사할 줄 아는 어른으
로 성장하도록 도와준다.

손양원

오병학 지음 | 규장 | 2010 |
고학년용

우리나라의 대표적 순교자인 손양원 목
사의 삶을 감동적으로 기록한 책이다.
손 목사는 감사의 본을 보여 주는 신앙
인물로 하나님을 사랑하고 이웃 사랑하
기를 내 몸과 같이 하다가 순교하였다.

주셨는지 그 점 또한 주께 감사합니다.

셋째, 3남 3녀 중에서 가장 아름다운 두 아들 장자와 차자를 바치게 된 나의 축복을 하나님께 감사합니다.

넷째, 한 아들의 순교도 귀하다 하거늘 하물며 두 아들의 순교이리요. 하나님 감사합니다.

다섯째, 예수 믿다가 누워 죽는 것도 큰 복이라 하거늘 하물며 전도하다 총살 순교당함이리요. 하나님 감사합니다.

여섯째, 미국 유학 가려고 준비하던 내 아들, 미국보다 더 좋은 천국 갔으니 내 마음 안심되어 하나님 감사합니다.

일곱째, 나의 사랑하는 두 아들을 총살한 원수를 회개시켜 내 아들로 삼고자 하는 사랑의 마음을 주신 하나님께 감사합니다.

여덟째, 내 두 아들의 순교로 말미암아 무수한 천국의 아들들이 생길 것이 믿어지니 우리 아버지 하나님께 감사합니다.

아홉째, 이 같은 역경 중에서 이상 여덟 가지 진리와 하나님 사랑을 찾는 기쁜 마음, 여유 있는 믿음 주신 우리 주 예수 그리스도께 감사합니다.

끝으로 나에게 분수에 넘치는 과분한 큰 복을 내려 주신 하나님께 모든 영광을 돌립니다."

두 아들의 장례식장에서 이와 같이 감사했다는 사실은 참으로 놀라운 일이다. 손 목사가 평소에 늘 감사의 삶을 실천했기에 가능한 일이었다. 이러한 손 목사의 삶은 지금도 독자에게 깊은 감동을 준다.

돌을 주셔서 감사합니다

에스터 벤더 지음 | 송향숙 옮김 | 으뜸사랑 | 2006 | 유아용

역경을 지혜롭게 이겨 나가는 감동적인 과정을 담은 그림 동화이다. 돌이 가득한 농장은 쓸모없는 땅이다. 그런데 돌이 가득한 농장을 산 농부는 항상 낡은 집과 헛간, 돌로 가득한 농장을 주신 하나님께 감사의 기도를 드렸다. 아들들은 불평했으나 돌을 이용해 돌담을 쌓으면서 불만이 사라졌다. 농장의 돌은 사라지고 땅은 기름지게 변하여 많은 추수를 하게 된 것이다.

이 동화는 역경이 닥치더라도 피하지 않고 적극적으로 받아들여 감사의 기도를 드리면 나쁜 상황을 이기고 좋은 결과를 가져올 수 있는 지혜로운 삶을 살게 된다는 것을 보여 준다.

항상 감사해요

제프 홀더 마크 영 지음 | 신명균 옮김 | 넥서스주니어 | 2007 | 유아용

성경 애니메이션 '벅스 바이블 어드벤처' 시리즈 중 하나이다. 이 책은 구약성경 〈출애굽기〉에 나오는 '만나'의 이야기를 중심으로 이야기가 펼쳐진다. 곤충들이 모여 사는 마을 '벅스빌'의 이야기를 넣어 재구성한 점이 특이하다. 아이들은 성경 인물의 이야기를 곤충의 눈으로 따라가는 방식으로 흥미있게 접할 수 있다.

딱딱하게 여겨질 수 있는 역사적 사건들을 생동감 있는 애니메이션을 통해 생생하게 전해 준다. 아이들은 왜 불평이 잘못된 것인지 그리고 왜 감사가 중요한지를 스스로 깨닫게 된다.

작은 감사 큰 행복

전광 지음 | 생명의말씀사 | 2007 | 고학년용

다양한 감사에 대한 이야기 50편을 담고 있다. 저자는 매일 감사 일기를 썼고 감사에 관한 명언을 수집하였다. 이런 꾸준한 노력에 의해 저자는 감사하는 좋은 습관을 지니게 되었다. 저자는 우리들이 일상생활 속에서 만나는 사소한 모든 일에서 감사하는 법을 배우도록 격려한다. 아이들은 이 책을 통해 작은 감사의 뒤에는 큰 행복이 숨어 있음을 깨닫게 될 것이다.

세상에는 감사할 일이 많다

"고맙습니다."라는 표현을 하기까지 아이들은 여러 발달 단계를 거친다. 영 · 유아기의
어휘력 발달은 매우 빠른 속도로 이루어지는데, 2세경부터 짧은 문장을 구성하기 시작
하고, 친숙한 사물의 이름을 30여 개 정도 알게 된다. 3세가 되면 욕구 표현에 언어를
사용하기 시작하고, 어휘력이 매달 50여 개 정도 증가한다. 4세가 되면 말하기를 즐기
기 시작하고, 노래 · 시 · 이야기 따위를 암송할 수 있게 된다. 또한 새로운 단어를 배우
는 것을 즐거워한다.

아이들이 어렸을 때 우리 가족은 연립주택에서 아파트로 이사를 갔다. 복도식 주상복합
아파트였다. 고층아파트여서 엘리베이터 안에서 많은 이웃을 만났는데, 아이들에게 어
른들을 보면 반드시 인사하도록 가르쳤다. 아파트 근처에는 재래시장이 있었는데, 아
이들은 부모와 함께 장을 보면서 알게 된 어른들에게도 인사를 하곤 했다.

어느 날 재래시장을 지나갈 때 나이 드신 할머니가 인사하는 아이를 부르시더니 천 원짜
리 한 장을 손에 쥐어 주셨다. 아이는 잠시 머뭇거렸다. 나는 할머니께 "고맙습니다."라
고 인사했고, 아이에게도 인사를 시켰다.

아이들은 이와 같이 구체적인 상황 속에서 감사의 인사와 표현을 배운다. 가정에서는 생
일을 맞아 작은 선물을 받을 때, 또는 방문하는 손님에게서 선물을 받을 때 감사한 마음
을 표현을 하는 법을 배우게 된다.

아이들은 갓난아이 때부터 엄마 품에 안겨 교회에 나갔고 교회 목사님과 사모님, 그리고

여러 교우의 따뜻한 사랑을 받고 자랐다. 이러한 환경은 아이들이 자연스럽게 감사를 표현할 수 있는 좋은 조건이었다. 그러나 아무리 좋은 것이라도 늘 가까이 있으면 귀한 줄 모를 때가 있다. 물과 공기에 대해 매일 감사하는 사람들이 얼마나 있을까.

아이들의 경우도 마찬가지이다. 추위를 피할 수 있는 집, 모든 것을 공급해 주고 보호해 주는 부모, 그리고 관심과 사랑을 베풀어 주는 이웃에 대해 감사하는 마음은 저절로 생기지 않는다. 모든 성품이 반복에 의해 이루어지듯이 감사의 성품도 반복에 의해 습관이 되고 품성이 된다.

아이들이 어렸을 때는 잠자리에서 동화를 들려주었다. 때로는 즉석에서 꾸며 낸 이야기 속에 아이들에게 주고자 하는 가르침을 슬쩍 넣기도 했다. 동물들이 주인공으로 등장하는 이야기를 들려주면서 기본적인 예절을 가르쳤다. 그 예절의 기본은 감사를 표현하는 것이었다. 아이들은 커 가면서 책의 세계를 알게 되고, 스스로 책을 찾아 읽으면서 마음이 커졌다. 그리고 이 세상에는 감사할 일이 많다는 것도 하나씩 알게 되었다.

"고맙습니다." 이 한마디는 간단한 표현이지만 감사를 표현하는 중요한 습관이다. 작은 것에 감사하지 못하는 아이는 나중에 큰 것에 대해서도 감사를 표현하지 못하는 사람이 된다.

고난을
극복하는 아이로
키우는 책

"나는 사람은 고난 속에서
성장한다는 것을 깨닫게 되었다."

데이브 드라베키(미국의 야구 선수)

고난에는 뜻이 있다

역사는 역경과 고난이 주는 유익을 보여 준다. 알렉산드로스 대왕, 율리우스 카이사르, 루이 14세, 조지 워싱턴, 나폴레옹 1세, 장 폴 사르트르, 장 자크 루소, 르네 데카르트, 블레즈 파스칼, 공자에게는 한 가지 공통점이 있다. 바로 고아였다는 사실이다. 이것은 스위스의 피에르 렌치니크 박사가 발표한 〈고아가 세계를 주도한다〉는 논문에 게재된 내용이다.

이 글에서 그는 인류 역사에 큰 기여를 한 사람 300여 명을 분석해 보니 고아가 60% 이상이라는 결과가 나왔다고 밝혔다. 이스라엘 최초의 여성 총리이자 이스라엘 건국의 어머니로 불리는 골다 메이어도 고아였다. 사실 어린아이의 삶에서 부모의 상실만큼 커다란 시련은 없다. 그럼에도 불구하고 세계를 주도한 사람들 중 고아가 많았다는 것은 놀라운 사실이다.

이 놀라운 발견은 역경이 인물을 만들어 낸다는 뜻이다. 역경을 돌파해 가면서 얻게 되는 힘이 있다. 비슷한 의미로 스위스의 의사이자 정신의학자인 폴 투르니에는 "슬픔이 크면 클수록 그 슬픔이 만들어 내는 창조적 에너지는 더욱 크다."고 말한다. 이 말처럼 역경은 항상 파괴적이기만 한 것이 아니다.

그러나 보통 많은 사람이 역경을 싫어한다. 사실 가능한 한 편안하고 안락한 상태에 머무르고 싶은 것이 인간의 심리이다. 그러나 편안함에 안주하는 것은 활력을 잃고 자신의 모습을 잃어버리게 만드는 원인이 된다. 새끼 독수리가 둥지에만 머물면 나는 법을 배우지 못하는 것처럼 편안함에만 안주하고 역경을 외면하면 진정한 자신의 모습을 잃어버리게 된다.

낭떠러지에서 떨어지면서 나는 법을 배워 창공의 제왕으로 거듭나는 독수리처럼 역경을 감내하고 그것을 극복해야만 자신의 꿈과 비전을 현실로 만들 수 있다. 황금 원석은 그 자체로는 그다지 큰 가치가 없다. 수천 도를 웃도는 뜨거운 풀무에 수차례 담금질해 정제된 후에야 비로소 정금으로서의 가치를 드러낼 수 있다. 살면서 만나는 어려움은 피해 갈 수 없는 훈련 과정이다.

그러므로 역경이 나에게 고통을 주는 방해물이라고 생각하기보다 성장을 위해 꼭 겪어야 하는 성장통이라고 생각하면 적극적인 태도로 그 어려움을 극복할 수 있다. 역경을 자양분 삼아 그것을 창조적 에너지로 바꿀 때 꿈과 비전을 현실로 만들 수 있다.

고난과 시련을 어떻게 이겨 낼 수 있나?

'시련의 구름 위에는 희망의 태양이 있다.'는 말이 있다. 역대 마라톤 선수 중 세계적으로 유명한 사람들 가운데 에티오피아의 '맨발의 왕자'

비킬라 아베베가 있다. 1960년 로마 올림픽에서 에티오피아 국기를 달고 한때 적국이었던 로마의 돌 블록을 맨발로 달려 영광의 금메달을 획득했던 그는 그다음 올림픽인 1964년 동경 올림픽에서도 2시간 12분 11초 2라는 당시 세계 최고 기록으로 또다시 금메달을 거머쥐고 대망의 올림픽 마라톤 2연패를 달성했다.

그러나 아베베가 '영웅'으로 불리는 것은 올림픽 2연패를 달성했거나 세계 기록을 세웠기 때문이 아니라, 그가 희망을 놓지 않는 불굴의 정신을 지닌 사람이었기 때문이다.

아베베의 화려한 경력은 우연한 사고로 중단되고 말았다. 1968년 비 내리는 어느 날, 평소처럼 훈련을 마친 아베베는 차를 타고 귀가하던 중 빗길에 교통사고를 당해 장애인이 되고 말았다. 그의 좌절감과 실망은 말로 표현할 수 없을 정도였다. 그러나 아베베는 휠체어에 앉아만 있는 장애인으로서의 생활을 거부했다. 두 다리를 사용할 수 없는 절망적인 상황에서도 포기하지 않고 다시 새로운 희망을 향해 달리기 시작했다.

그는 "두 다리를 잃었지만 내겐 아직 건강한 두 팔이 있다."며 스스로를 격려하고, 국내외를 오가며 치료를 병행하며 부지런히 팔 힘을 단련했다. 희망을 잃지 않은 노력은 결실을 맺어 1970년에 아베베는 세계인들을 다시 한 번 깜짝 놀라게 했다. 노르웨이에서 개최된 25km 눈썰매 크로스컨트리 대회에 참가해 금메달을 목에 걸었을 뿐만 아니라 10km 레이스에서는 특별상을 수상했다.

그 후에도 그는 각종 장애인 대회에서 여러 개의 금메달을 획득해 국위를 선양하고, 많은 사람에게 꿈과 희망을 전하는 희망의 메신저 역할을 해냈다.

성공한 사람들은 수많은 실패를 경험한 사람들이다. 반대로 말하면 실패의 쓴맛을 경험하지 않은 사람은 성공의 달콤함을 느낄 수 없다. 지금 작은 일에 실패했다고 하더라도 그 실패에서 얻은 경험으로부터 교훈을 얻을 수 있다면 그 실패는 끝이 아니다. 작은 넘어짐을 교훈 삼아 반드시 이길 수 있다는 굳은 의지를 갖고 포기하지 않고 끊임없이 노력해 나갈 때 밝은 미래가 펼쳐질 것이다.

사람에게는 누구나 다른 사람이 대신할 수 없는 그만의 어려움이 있게 마련이다. 성경에 따르면 하나님께서는 감당하지 못할 어려움을 주시지 않는다.

"사람이 감당할 시험 밖에는 너희가 당한 것이 없나니 오직 하나님은 미쁘사 너희가 감당하지 못할 시험 당함을 허락하지 아니하시고 시험 당할 즈음에 또한 피할 길을 내사 너희로 능히 감당하게 하시느니라"(고전 10:13).

시련의 구름 위에 떠 있는 태양을 바라볼 수 있는 사람은 어떤 상황에서도 결코 절망하지 않는다. 희망을 꿈꾸는 사람만이 그 희망의 주인이 될 수 있다.

고난을 극복한 사람들의 이야기

《**헬렌 켈러**》는 보고 듣지 못하는 장애를 이겨 낸 헬렌 켈러의 일생을 다룬 책이다. 헬렌 켈러는 심각한 육체적 핸디캡을 극복하고, 다른 장애인들에게 영감과 격려를 주는 삶을 살았고, 구제·교육·사회 사업에 평생을 바쳤다.

헬렌은 미국 남부 앨라배마 주 투스쿰비아(Tuscumbia)에서 부잣집 딸로 태어났다. 그러나 19개월째 되던 어느 날 헬렌은 심한 열병을 앓았다. 그로 인해 그만 눈이 멀고 아무 소리도 들을 수 없게 되었다.

헬렌이 일곱 살 때 그의 부모는 헬렌을 위해 가정교사를 두기로 했다. 멀리 보스턴의 맹아학교에서 앤 설리반(Anne Mansfield Sullivan)이라는 젊은 여선생을 모셔 왔다. 하지만 사람의 모습을 하고 있으면서도 짐승처럼 행동하는 헬렌을 가르치는 일은 쉽지 않았다.

설리반 선생은 헬렌의 손바닥에 같은 글자를 몇 번이고 되풀이해 쓰며 가르쳤다. 설리반은 여러 가지 방법을 동원하여 끈기 있게 한 가지씩 가르쳐서 마침내 헬렌의 마음의 눈을 뜨게 해 주었다. 헬렌은 점자를 배워 읽을 수 있었고, 특별히 제작된 타이프라이터로 쓸 수도 있게 되었다. 1890년에는 단 한 달의 교육 만에 말하는 법도 배웠다.

10년 후 설리반 선생의 가르침 덕분에 헬렌은 래드클리프 대학(Radcliffe College)에 들어갈 수 있었다. 그리고 1904년에 대학을 명예롭게 졸업한 다음, 눈과 귀가 부자유스러운 사람들을 돕는 일에 헌신하였다. 헬렌은 강의를 하러 다니기도 하고 책을 써내기도 했다.

'기적의 사람'으로 일컬어지는 헬렌 켈러의 이름은 곧 세상에 널리 알려졌고 수많은 장애자에게 삶의 의욕을 주었다. 그녀는 전 세계를 돌아다니며, "신체가 부자유한 사람들을 위해 힘이 되어 주십시오."라고 호소했다. 1937년에는 우리나라를 방문한 적도 있으며, 1964년에는 미국의 민간 최고 훈장인 '자유 훈장'을 받았다. 헬렌의 생애는 〈정복되지 않은 사람〉(1954년)이라는 제목으로 영화화되기도 했다.

이 책은 어린이들이 꼭 알아야 할 위대한 여성의 일생을 재미있게 들려주고 있다. 역경을 극복하고 승리한 헬렌 켈러의 이야기를 통해 아이들은 어려움을 이겨 내는 힘을 배울 수 있을 것이다.

《백악관으로 간 맹인 소년 강영우》는 실명의 장애를 극복한 강영우 박사의 이야기를 담은 책이다.

강영우 박사는 1944년 경기도 양평군에서 태어나 열네 살 때 아버지를 여의었다. 중학교 1학년 때 축구를 하다가 공에 눈이 맞아 실명했다. 그의 어머니가 아들의 실명 때문에 충격을 받아 뇌일혈로 세상을 뜨자 고아가 된 형제들은 뿔뿔이 흩어졌다. 그는 재활원을 전전하며 수년간 방황했고 자살을 시도하기도 했다. 그러나 어느 목사님의 도움을 받은 뒤 "갖지 못한 한 가지를 불평하기보다 가진 열 가지를 감사하자."며 새

헬렌 켈러

햇살과 나무꾼 지음 | 성미리 그림 |
주니어랜덤 | 2006 | 중학년용

보고 듣지 못하는 장애를 이겨 낸 헬렌
켈러의 일생을 소개하고 있다. 역경을
극복하고 승리한 헬렌 켈러의 이야기를
통해 아이들은 어려움을 이겨 내는 힘을
배울 수 있다.

롭게 삶을 시작하였다.

이후 그는 서울맹학교 고등부를 졸업하고 연세대학교 교육학과에 입학하여 1972년에 문과대학 차석으로 졸업했다. 1972년 8월 한국 장애인 최초로 정규 유학생으로 미국에 건너가 1976년 피츠버그 대학교에서 교육 전공 철학 박사학위를 받았다.

강영우 박사는 감당하기 어려운 고난에 굴복하지 않고 최선의 삶을 살았다. 다른 사람들에게 모범이 되었으며 오히려 낙심한 사람들을 격려해 주는 인물이 되었다. 또한 두 아들을 훌륭하게 키워 자녀 교육에서도 좋은 모델이 되었다. 이 책을 통해 아이들은 역경을 이겨 내는 힘을 얻고, 미래를 준비하는 방법을 배우며, 보다 더 큰 꿈을 키울 수 있게 될 것이다.

《큰발 중국 아가씨》는 중국 개화기 당시 전족(纏足)을 거부한 한 소녀의 이야기이다. 전족이란 중국에서 행해지던 옛 풍습의 하나로, 여자의 엄지발가락 이외의 발가락들을 어릴 때부터 발바닥 방향으로 접어 넣듯 힘껏 묶어 헝겊으로 동여매 자라지 못하게 하는 것을 말한다.

다섯 살 주인공 아이린은 전족을 한 언니의 불편한 다리와 발을 보고 나서 자신은 절대로 전족을 하지 않겠다고 선언한다. 아이린의 아버지는 그 심정을 이해하고 딸의 뜻을 받아들인다. 당시 이런 결정은 전통을 거스르는 일이었으나 아이린의 아버지는 이미 세상이 변하고 있다는 것을 깨달은 사람이었다. 아버지의 배려로 전족의 속박에서 벗어난 아이린은 스스로 자신의 삶을 개척해 나가는 법을 배운다.

이 이야기는 소녀가 자신의 신체에 대해서 자신의 의지대로 결정해 나가는 것이 당연한 일이 아니었던 시절의 이야기이다. 잘못된 전통인 전족을 거부한 아이린의 이야기를 통해 아이들은 고난을 이겨 내고 자신의 삶을 개척해 가는 태도를 배울 수 있다.

백악관으로 간 맹인 소년 강영우

김성춘, 김현정 지음 | 생명의말씀사 |
2005 | 중학년용

실명의 장애를 극복하고 정상에 우뚝 서
많은 사람에게 용기와 희망이 된 강영우
박사의 이야기를 아이들이 재미있게 읽
을 수 있도록 쉬운 글과 그림으로 담아
냈다. 아이들은 역경을 이겨 내는 힘을
얻고, 미래를 준비하는 방법을 배우며,
보다 더 큰 꿈을 키울 수 있을 것이다.

큰발 중국 아가씨

렌세이 나미오카 지음 | 달리 |
2010 | 고학년용

중국 개화기 당시 전족(纏足)을 거부한
한 소녀가 고난을 극복한 이야기이다.
잘못된 전통인 전족을 거부한 아이린의
이야기를 통해 아이들은 고난을 이겨 내
고 자신의 삶을 개척해 가는 태도를 배
울 수 있다.

난 내가 좋아

제니퍼무어-말리노스 지음 | 마르타 파브레가 그림 |
글마음을 낚는 어부 옮김 | 예꿈 | 2010 | 저학년용

휠체어를 탄 장애아 애드리언이 농구에 도전하는 이야기이다.
애드리언은 휠체어가 자신의 다리라고 생각하고 다른 친구들
처럼 농구를 하려고 한다. 친구들은 애드리언을 멋진 친구로
인정하고 애드리언도 도전하는 자기 자신을 자랑스럽게 여긴
다. 자신의 장애를 인정하고 새로운 일을 시도하거나 어려운
일에 도전하는 것은 쉽지 않다. 그러나 애드리언은 자신의 약
점을 극복하기 위해 끊임없이 노력하고 목표를 이룬다.
이 책은 아이들에게 고난을 이겨 내는 용기를 감동적으로 전해
준다. 또한 어려움을 이겨 내고 도전하는 마음의 힘을 생동감
있는 목소리로 풀어냈다.

네 손가락의 피아니스트

고정욱 지음 | 대교출판 | 2003 | 중학년용

선천성 사지기형 1급 장애인으로 태어났으나 신체의 불편을
극복하고 피아니스트로 세계에 이름을 알린 이희아의 이야기
이다. 네 손가락이라는 불편한 지체를 가지고 자신의 연주에
대해 고민하고 좌절하지만 음악을 통해 꿈을 얻게 되는 과정을
보여 준다.
희망을 다른 사람들과 나누기 위해 다시 일어서는 주인공을 통
해 아이들은 꿈이란 무엇인지, 노력이란 무엇인지를 깨달을 수
있다. 또한 어려움을 이겨 내고 도전하는 마음의 힘을 키우게
된다.

뜻을 세우면 길이 보여
이섶 지음 | 우리교육 | 2007 | 중학년용

농촌 운동을 꿈꿔 오다 교통사고로 온몸에 화상을 입은 채규철 선생의 이야기이다. 선생은 1960년대 말에 교통사고로 온몸에 화상을 입고 2미터 앞도 보이지 않을 정도로 시력이 저하됐지만 끝내 장애를 극복해 낸 강한 의지의 인물이다.

그는 1960년대 중반 덴마크 유학 때 협동조합 운동에 매료돼 훗날 장기려 박사와 함께 우리나라 의료보험의 바탕이 된 '청십자의료보험조합'을 만들었다.

인터뷰하여 쓴 글이라 마치 할아버지가 옆에서 이야기 들려주는 듯하다. 아이들은 이 책을 통해 그가 업적을 남기기까지 겪어야 했던 고난과 실패를 엿볼 수 있다.

인권변호사 조영래
박상률 지음 | 사계절 | 2001 | 고학년용

인권변호사 조영래의 성장 과정을 그린 책이다. 조영래는 성장기까지 항상 따라다니던 가난과 보리개떡, 들과 산을 좋아하고, 장군 그리기를 무척 좋아하는 황소 고집쟁이 소년이었다. 그는 사춘기 때는 수업료를 못 내는 반 친구의 수업료를 자신의 수업료로 대신 내 주었으며, 판사·검사라는 안정된 길을 마다하고 평생을 가난한 이웃과 억압받는 사람들 편에서 그들의 권리와 이익을 옹호했다.

많은 어려움을 극복한 그의 삶을 통해 이웃 사랑의 정신과 고난을 이겨 내는 정신을 배울 수 있다.

아이들도 마음이 힘들 때가 있다

어린아이들에게도 나름대로 겪는 어려움이 있다. 어른의 세계처럼 복잡한 인간관계에서 오는 갈등과 고민은 아닐지라도 아이들도 마음이 힘들 때가 있다. 그 원인은 물론 여러 가지이다.

신체장애가 있는 아이는 자신이 다른 아이들과 다르다는 것을 알게 될 때 비장애인이 잘 알지 못하는 아픔을 겪을 수 있다. 학교에서 친구들과 잘 어울리지 못해서 마음이 힘든 아이도 있다. 심한 집단 따돌림 때문에 학교생활 자체가 어려운 경우도 있다. 부모의 별거나 이혼 또는 뜻하지 않은 사고로 편부모 밑에서 자라는 아이들도 나름대로 이겨 내야 할 아픔이 있을 것이다. 때로는 부모의 과도한 기대에 미치지 못해서 또는 학업 성적이 만족스럽지 못해서 힘들어하는 아이들도 있다.

어떤 경우든지 아이들이 경험하는 어려움은 성인이 겪는 어려움에 비해 결코 가볍지 않다. 아직 신체적·정신적으로 미성숙한 아이들에게 보통의 친구들과 다르게 겪어야 하는 어려움은 상당한 무게로 느껴질 수 있기 때문이다.

우리 가정은 딸아이가 초등학교 4학년 때 오랫동안 살던 곳에서 멀리 떨어진 지역으로 이사를 하게 되었다. 딸아이는 정든 친구들과 헤어져 새로운 친구들을 만나게 되었다. 그러나 그 과정은 순탄치 않았다. 나중에 안 사실이지만 친구들이 텃세를 부려 은근히 따돌리는 바람에 딸아이는 그때가 초등학교 시절에서 제일 힘든 시간이었다고 한다.

학교에서의 따돌림 문제에 대해 많은 연구가 이루어졌고 다양한 대책도 나오고 있지만 근본적인 해결은 그리 쉽지 않아 보인다. 왜냐하면 왕따 문제는 학교 교육 현실과 아이들의 심성 그리고 가정에서의 '밥상머리' 교육과 밀접하게 연결되어 있기 때문이다. 제도를 바꾸고 법과 처벌을 통해서 개선하는 것은 한계가 있다. 근본적인 해결책은 일차적으로 가정에서 이루어지는 자녀 교육에서 이루어져야 한다. 부모가 먼저 가정에서 심성이 바른 아이, 성품이 반듯한 아이로 키운다면 다소 시간이 걸릴지라도 그 문제는 해결의 출구를 찾을 수 있을 것이다.

많은 아이가 딸아이와 비슷한 경험을 했을 것이다. 딸아이는 그때 그 힘든 시기를 어떻게 이길 수 있었을까? 미리 알았다면 그 당시에 아이의 상황에 맞게 골라 줄 수 있는 책이 있었을지는 확실치 않다. 아마도 딸아이에게는 자기를 믿어 주는 든든한 부모가 있고 선생님이 계셨기에 마음에 의지가 되었을 것이다. 또한 틈틈이 읽은 좋은 책들이 알게 모르게 마음에 자양분이 되어 어려운 때를 지나는 데 도움이 되지 않았을까?

삶의 과정에는 고난과 어려움이 있다. 아이들이 그 어려움을 이겨 내기 위해서는 평소 어려움을 극복한 사람들의 이야기나 그와 같은 주제의 책을 읽을 필요가 있다. 독서는 당장 효과를 가져다주기보다는 아이들에게 보약처럼 작용해서 정신력과 면역력을 키워 주기 때문이다.

믿음이
강한 아이로
키우는 책

"저는 태양이 떠오르는 것을
믿듯 기독교를 믿습니다.
그것을 보기 때문이 아니라
그것에 의해서 다른 모든 것을
보기 때문입니다."

C.S.루이스(영국의 평론가 · 소설가)

믿음이란 무엇인가?

성경에서 '믿음'은 매주 중요한 핵심 단어이다. 이 단어는 구약보다 신약에 많이 나타난다. '믿음'이라는 단어는 개역개정역을 기준으로 구약성경에 세 번 언급된다(삼상 14:33, 단 6:23, 합 2:4). 신약성경에는 230회 나온다. 그 밖에 '믿으라'가 10회, '믿느냐'가 7회 나온다('믿는'은 87회, '믿고'는 17회).

신약성경에서 '믿음'이 최초로 나오는 구절은 〈마태복음〉 6장 30절이다. "오늘 있다가 내일 아궁이에 던져지는 들풀도 하나님이 이렇게 입히시거든 하물며 너희일까 보냐 믿음이 작은 자들아". 마지막으로 나오는 구절은 〈요한계시록〉 14장 12절이다. "성도들의 인내가 여기 있나니 그들은 하나님의 계명과 예수에 대한 믿음을 지키는 자니라".

'신앙'이라는 단어는 오직 신약성경에서 두 차례 언급된다. "오직 너희는 그리스도의 복음에 합당하게 생활하라 이는 내가 너희에게 가 보나 떠나 있으나 너희가 한마음으로 서서 한 뜻으로 복음의 신앙을 위하여 협력하는 것과"(빌 1:27). "그러므로 우리가 그리스도의 도의 초보를 버리고 죽은 행실을 회개함과 하나님께 대한 신앙과"(히 6:1).

믿음이라는 단어가 구약성경보다 신약성경에 더 빈번히 나타나지만, 믿음의 가치와 중요성은 구약에 뿌리를 두고 있다. 사도 바울은 "의인은 그의 믿음으로 말미암아 살리라"(합 2:4)는 말씀을 두 번 인용하여 구원의 진리를 설명하고 있다(롬 1:17, 갈 3:11).

구약성경에서는 믿음이라는 단어보다는 하나님을 향한 경외를 강조한다. 그리고 창조주 앞에서 사는 피조물로서의 태도를 강조한다. "일의 결국을 다 들었으니 하나님을 경외하고 그의 명령들을 지킬지어다 이것이 모든 사람의 본분이니라"(전 12:13). 신약성경에서는 하나님에 대한 신뢰로서의 믿음을 강조한다. 물론 믿음은 문맥 속에서 다양한 의미로 사용된다. 그것은 믿음의 내용일 때도 있고, 초기 교회의 신조(신앙고백)를 말하기도 한다.

우선적으로 믿음의 대상은 하나님이다. 그 하나님은 신앙생활의 중심이요 목적이다. 웨스트민스터 소요리 문답 제1문은 이렇게 묻는다.

"사람의 제일 되는 목적은 무엇입니까?" 이에 대한 답은 "사람의 제일 되는 목적은 하나님을 영화롭게 하고, 하나님으로 말미암아 영원토록 즐거워하는 것입니다."이다.

존 오웬은 "우리에게 믿음을 주신 주된 이유는 우리로 하여금 그리스도 안에 있는 하나님의 영광을 보고 그 모든 효과를 묵상하도록 하기 위함이다. 만일 우리가 하나님의 능력에 의해 믿는 자들에게 주어지는 이런 지식을 갖지 못한다면 우리는 복음의 전체 비밀에 관해 아무것도 알지 못하는 것이다."라고 말했다.

우리는 또한 예수 그리스도를 믿는다고 고백한다. 기독교인은 예수를 주(主)와 구주로 고백한다. 기독교 신앙은 예수를 누구로 고백하느냐에 따라 그 내용이 달라진다. 그리고 그 고백의 내용은 그의 삶과 실천에 영향을 미친다.

 **믿음의 사람들**(〈히브리서〉 11장)

1. 말씀의 권위를 존중하는 사람

2. 믿음으로 걸어간 사람

3. 믿음을 행위로 나타내 보인 사람

4. 위대한 가치를 위해 희생을 배운 사람

5. 미래 지향적인 사람

6. 순종을 배운 사람

7. 훈련을 감수한 사람

8. 고난을 인내할 줄 아는 사람

9. 군중에 대한 맹목적 복종을 거부한 용기 있는 사람

10. 믿음으로 죽을 줄 아는 사람

믿음은 여러 가지 모습으로 나타난다. 하나님께서 요구하는 믿음은 지적인 동의로 끝나지 않는다. 참된 믿음에는 언제나 행동에 따른 결과, 즉 열매가 있다. 따라서 믿음이 강한 어린이, 믿음이 신실한 자녀로 키우는 일은 지식 전달로 끝나는 것이 아니다. 믿음의 성장은 하나님의 말씀

에 대한 순종을 통해 이루어지기 때문이다.

어떻게 믿음이 강한 아이가 되는가?

아이의 믿음은 홀로 자라지 않는다. 성경이 말하는 신앙은 공동체 안에서 자라는 것이다. 디모데는 외조모와 어머니로 이어지는 신앙의 울타리 안에서 믿음이 자랐다. 아이가 최초로 접하는 가정 공동체는 절대적으로 중요하다.

가정에 믿음의 주춧돌을 세워야 한다. 가정을 하나님의 학교로 만들고, 가정을 천국의 모형으로 만들어야 한다. 이러한 신앙적 토대와 분위기 안에서 믿음은 튼튼하게 자라게 된다. 신앙 공동체로서 가정의 중요성은 아무리 강조해도 지나치지 않을 것이다. 따라서 기독교인은 새로운 가족 문화를 만들어야 한다.

아이들에게 믿음의 유산을 물려주기 위해 부모는 믿음의 본을 보여야 한다. 부모는 인생의 거울이라는 말이 있다. 아이들은 어른들의 신앙생활을 보면서 추상적 진리를 구체적 삶 안에서 이해하게 된다.

아버지는 가정에서 영적 제사장으로서 그 위치를 지켜야 한다. 부모는 자녀를 위해 기도로 뒷받침해야 하고, 자녀에게 마음의 문을 열어야 한다. 언제나 자녀와의 대화를 통해 사랑의 끈을 연결해야 한다. 이를 통해 부모는 믿음의 유산을 물려주어야 한다. 따라서 부모의 품 안에 있을 때 그들에게 철저히 신앙을 교육해야 한다. 금은보화를 물려주는 것보다 신앙을 물려주는 것이 가장 위대한 유산이기 때문이다.

믿음을 키우기 위한 가르침에는 사랑이라는 윤활유가 필수적이다. 만일 자녀가 부모에게 사랑받는다고 느끼지 않는다면 그 가르침은 그다지 효율적이지 못할 것이다. 반대로 자녀가 사랑받는다고 느낀다면 비록 가르치고 훈련하는 노력이 부족하더라도 아이는 건강한 어른으로 성장할 것이다.

뿐만 아니라 부모는 믿음으로 양육할 때 창의적으로 가르쳐야 한다. 부모는 자녀의 알고 싶어 하는 욕구에 보조를 맞추어 주어야 한다. 그럼으로써 아이가 평생 열린 마음으로 무엇이든 배우려는 자세를 갖도록 해 주어야 한다.

창의적으로 가르치기 위해, 부모는 아침 식사 때, 가족들이 집에 모여 있을 때, 함께 자동차를 타고 어딘가로 갈 때, 그리고 잠자리에 들 때 교훈을 위한 시간을 가질 수 있다. 이러한 신앙 교육은 비공식적으로 아주 편안한 분위기에서 이루어진다.

신앙 교육에서 독서는 중요한 방법이다. 믿음으로 살다 간 사람들의 이야기는 신앙의 본보기를 구체적으로 제시해 주기 때문이다. 특히 신앙 인물 전기는 아이들에게 큰 영향을 주는 통로가 될 수 있다.

믿음을 가르쳐 주는 책

《**사랑이 꽃피는 큰 나무 한경직**》은 한국기독교의 상징적 인물인 한경직 목사의 일생을 알기 쉽게 정리한 책이다. 탁월한 문학적 감수성과 섬세한 문체로 '살아 있는 성자'로 불리던 한 목사의 생애를 가감 없이 기록하였다.

한경직은 1902년에 평안남도 평원군 공덕면 간리의 작은 마을에서 태어났다. 그의 부친은 농부였지만 학문에 대한 관심이 많았고 일찍 기독교를 받아들였다. 어머니는 조용하면서도 부지런했다. 아이들의 잠자리를 살펴 준 후에도 밤늦도록 물레질을 했는데 물레질을 하다가 흥이 나거나 고단하면 늘 찬송가를 불렀다.

한경직은 동네 다른 아이들처럼 한문을 먼저 배웠다. 그가 한글을 좋아하게 된 것은 같은 동네에 있는 6촌 집안의 대문에 써 붙인 성경 구절 때문이었다. 그 집안은 한씨 가문에서 제일 먼저 기독교 신앙을 받아들였기에 모든 가족의 믿음이 강했다. 그 구절은 전도를 위해 써 붙인 〈요한복음〉 3장 16절(하나님이 세상을 이처럼 사랑하사 독생자를 주셨으니 이는 그를 믿는 자마다 멸망하지 않고 영생을 얻게 하려 하심이라)이었다. 그 말씀은 한경직이 제일 먼저 배운 한글 문장이었고, 오늘날의 한경직 목사를 있게 만들었다.

한경직은 정주 오산중학교를 거쳐 평양 숭실전문학교에 진학하였다.

사랑이 꽃피는 큰 나무 한경직

강정훈 지음 | 문예춘추사 | 2007 | 고학년용

한국기독교의 상징적 인물이었던 한경
직 목사의 일생을 알기 쉽게 정리한 책
이다. 탁월한 문학적 감수성과 섬세한
문체로 '살아 있는 성자'로 불리던 한 목
사의 생애를 가감 없이 기록하였다.

그는 3학년 여름 방학 때 황해도 구미포 바닷가 모래사장에서 주님의 부르심을 받고 이에 응답하여 목사가 될 것을 결심하였다. 한경직 목사는 그때의 체험을 이렇게 회상하였다. "그날이 언제였는지 정확히 알 수 없습니다만, 제가 평소와 같이 해변가를 걸어가고 있을 때였습니다. 너무도 갑자기 저는 하나님으로부터의 부름을 받았습니다. 그때의 상황을 잘 설명할 수 없지만, 저는 하나님을 섬기라는 분명한 부르심을 들을 수 있었습니다."(〈템플턴상 수상 연설문〉 중에서)

이 책은 한경직 목사의 유학 생활, 영락교회를 건축하기까지의 과정, 6·25전쟁 후 영락교회를 재건한 일에 관해서도 소개하고 있다. 그리고 선교와 복지, 교육에 헌신한 그의 삶도 조명하고 있다.

1992년 5월 7일 한경직 목사는 영국 버킹검궁에서 종교의 노벨상이라고 불리는 템플턴상을 수상했다. 그가 하나님의 품에 안길 때 남긴 것은 말년에 타고 다녔던 휠체어와 지팡이, 겨울 털모자, 입던 옷가지, 생필품이 전부였다.

《영락교회 35년사》(1983년)에서는 한경직 목사에 대해 다음과 같이 묘사하고 있다. "그의 인격은 문자 그대로 '전인적인 신앙인'이기에 신앙과 생활 사이에 괴리가 없고 신앙과 신학 사이에도 모순이 없다.……한경직 목사는 항상 그리스도를 모시는 경건한 목사이다."

한경직 목사의 좌우명은 "작은 일에 충성을 다하라. 작은 일에 충성된 자가 큰일에도 충성한다."이다.

《어린이를 위한 빌리 그래함》은 185개국 2억이 넘는 사람들에게 복음을 전한 빌리 그래함의 일생을 담은 책이다.

빌리는 부지런한 소년이었다. 그리 가난한 집은 아니었지만 새벽 3시면 일어나 소의 젖을 짰다. 그는 역사책을 애독하였고 이를 통해 교육적으로 부족한 부분을 극복하였다.

빌리는 1934년 한 복음전도 집회에서 자신을 하나님께 드렸다. 그때 설교자 모더카이 햄은 지옥과 심판에 관한 설교를 전했다. 모더카이 햄은 집회를 마칠 때 '제단으로의 부름'이라는 시간을 가졌다. 빌리는 자신이 죄인이며 예수 그리스도께서 자신을 구원하기 위해 오셨다는 것을 알고 있었지만, 여전히 마음속에서는 그것을 인정하지 못하는 몸부림이 있었다. 그는 처음에 주저했지만, 새로운 찬양이 시작되자 자리에서 벌떡 일어나 앞으로 나갔다.

빌리가 앞으로 나갈 때 그 모습을 멀리서 지켜보던 그의 부모는 기쁨의 눈물을 흘렸다. 그것은 그들의 간절한 기도의 응답이었기 때문이다. 그 결단은 그가 평생 설교자의 길을 걷게 되는 첫 걸음이었다.

후에 그는 1943년에 일리노이 주 휘튼 대학을 졸업하였고, 중국에서 선교를 했던 외과 의사의 딸 루스 벨과 결혼했다.

1949년에 로스앤젤레스에서 열린 전도집회에서는 수많은 사람이 모여 회개 운동을 일으켰다. 이 집회를 인도한 빌리 그래함은 최고의 부흥 설교자로 알려졌다. 그는 성경의 권위로 선포하는 확신의 설교자로서 《하나

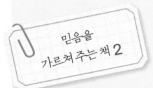
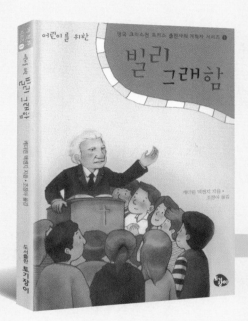

어린이를 위한 빌리 그래함

캐더린 맥켄지 지음 | 토기장이 |
2008 | 고학년용

185개국 2억이 넘는 사람들에게 복음을
전한 빌리 그래함의 일생을 담은 책이
다. 부모나 교사가 함께 읽으면 아이가
내용을 이해하는 데 도움을 줄 수 있을
것이다.

님과의 평화》,《불타는 세계》같은 그의 책들은 베스트셀러가 되었다.

빌리 그래함은 사회주의 국가를 포함하여 전 세계의 대도시에서 복음 전도 집회를 가졌다. 그가 확신에 찬 말씀을 외칠 때마다 그리스도 앞으로 나오기를 원하는 사람들의 발길은 그칠 줄 모르고 줄을 이었다. 그의 첫 한국 집회는 1952년 겨울에 있었으며, 1956년에 두 번째 집회, 1973년에 세 번째 집회가 있었다. 그리고 1980년대에 다시 한국을 찾아왔다.

이 책은 각 단원의 마무리마다 본문의 내용을 바탕으로 생각할 거리를 제공하고 있으며, 그에 적합한 성경 말씀을 함께 수록하였다. 따라서 부모나 교사가 함께 읽으면 아이가 내용을 이해하는 데 도움을 줄 수 있을 것이다.

《십일조의 비밀을 안 최고의 부자 록펠러》는 석유왕 존 록펠러의 일생을 담은 책이다.

록펠러는 가난한 가정의 평범한 아이로 태어났다. 록펠러의 아버지는 현실적인 면에서 아들을 가르쳤다. 아버지는 장터에서 물건을 흥정하면서 무슨 거래를 하든지 좋은 것을 얻어 내야 한다는 것을 가르쳤다. "작은 사발을 큰 접시로 바꿀 줄 알아야 해."

아버지가 자유분방한 성격이었던 데 반해 신앙심이 무척 깊었던 어머니는 어린 록펠러에게 많은 것을 가르쳐 주었다. 록펠러의 어머니는 청교도적 신앙을 지닌 사람으로 도덕적이고 엄했다. 하지만 화가 났을 때도 절도가 있고, 원칙에 어긋나는 행동을 하는 법이 없었다.

집에서 농사를 지었기 때문에 록펠러는 어려서부터 잡초를 뽑거나 소젖 짜는 일을 거들어야 했다. 어머니는 아침 일찍 일어나 아들을 깨우며 말했다. "그만 자고 당장 일어나라. 열심히 일하지 않으면 너는 커서 가난한 사람이 될 거야."

록펠러는 어머니에게서 강한 의지와 근면함, 근검절약하는 정신을 이어받았다. 어머니는 어린 아들에게 항상 이런 가르침을 주었다. "무절제한 낭비는 비참한 가난을 부른다." 어머니의 교훈은 평생 록펠러의 마음속에 검약과 신용의 중요성을 심어 주었고, 그가 사업가로 성장하는 데 커다란 힘이 되었다.

어머니의 가르침을 따라 록펠러는 학교에 들어가기 전부터 98세로 세상을 떠날 때까지 한 번도 빠짐없이 철저히 하나님께 십일조를 드리는 습관을 가지게 되었다. 어린 시절 어머니에게서 받은 가르침이 록펠러의 일생에서 가장 큰 유산이 되었던 것이다.

🦋 록펠러 어머니의 교훈

1. 하나님을 친아버지 이상으로 섬겨라. 친아버지가 생계를 위해 필요한 모든 것을 공급하지만 더 중요한 공급자는 바로 하나님이시다.

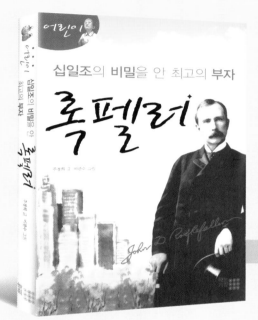

십일조의 비밀을 안 최고의 부자 록펠러

주경희 지음 | 이관수 그림 | 하늘기획 |
2009 | 중학년용

록펠러에게는 어린 시절 어머니에게서
받은 가르침이 일생에서 가장 큰 유산이
되었다. 그는 씨앗을 뿌리는 마음으로
감사하며 평생 기쁨으로 하나님께 물질
을 드렸다.

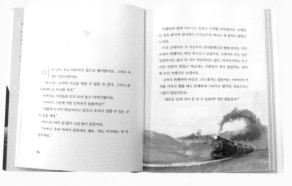

2. 목사님을 하나님 다음으로 섬겨라. 목사님과 좋은 관계 속에서 하나님의 말씀을 듣고 따르는 것이 축복된 길이다.

3. 주일 예배는 본 교회에서 드려라. 하나님의 자녀로서 항상 교회에 충성하여야 한다.

4. 십일조는 하나님의 것이므로 먼저 구별한 후 나머지를 사용하여야 한다.

5. 아무도 원수로 만들지 말라. 다름 사람과 관계가 좋지 않으면 일마다 장애 요소가 될 수 있기 때문이다.

6. 아침에 목표를 세우고 기도하라. 오늘 해야 할 일을 하나님께 맡기면 모든 일에 함께하여 주실 것을 온전히 믿는 기도가 필요하다.

7. 잠자리에 들기 전에 하루를 반성하고 기도하라. 빨리 회개하여 죄로 인한 어려움과 고통을 피할 수 있어야 한다.

8. 아침에는 꼭 하나님 말씀을 읽어라.

9. 남을 도울 수 있으면 힘껏 도우라. 그리고 도와준 일에 대해 절대로 자랑을 하면 안 된다.

10. 예배 시간에는 항상 앞에 앉으라. 예배드리고 말씀 듣는 일에 누구보다도 앞장서서 하려는 노력이 필요하다

록펠러는 어머니의 유언을 평생 가슴에 품고 살았다. 어머니의 꼼꼼한 가르침은 그를 위대한 하나님의 사람이 되게 만들었다.

록펠러는 가난한 가정에서 태어나 자수성가해서 억만장자가 되었지

만, 억만장자가 된 뒤에도 근검절약 정신으로 일관했다. 그는 씨앗을 뿌리는 마음으로 감사하며 평생 기쁨으로 하나님께 물질을 드렸다. 죽음의 위기를 경험한 후 인생의 후반기에는 기부와 자선 사업에 헌신하였으며, 평생 동안 24개 대학과 많은 교회를 세웠다.

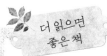

더 읽으면
좋은 책

놀랍지 하나님은 다 알고 계신단다
줄리 클레이든 글 | 리찌 핀레이 그림 | 두란노키즈 | 2011 | 유아용

플랩 북(flap book)으로 상상력을 자극하는 덮개를 열다 보면 미처 생각하지 못한 이야기들을 발견할 수 있다. 놀이 책을 좋아하는 유아에게 놀아주듯이 들려주면 좋다. 이 책은 "이런 것까지도 하나님이 알고 계실까?"라고 생각할 수 있는 상황 속에서 하나님을 실감나게 느낄 수 있는 이야기들을 담았다. 이 책을 통해 아이들은 사랑 가득한 눈으로 지켜보시는 하나님을 발견하고 하나님께 대한 신뢰를 느끼게 된다.

요나와 꼬마벌레
질 브리스코 지음 | 이혜림 옮김 | 성서유니온선교회 | 2011 | 중학년용

성경의 사실과 판타지가 만나 탄생한 새로운 요나 이야기이다. 하나님의 뜻에 순종하기 위해 떠나는 아주 작은 꼬마벌레 한 마리의 모험 이야기는 순종이 그 자신뿐만 아니라 주변을 얼마나 복되게 하는지를 알게 해 준다. 선교의 성경적인 기초를 알려 주며, 따뜻한 그림을 통해 신선한 감동과 유익한 교훈을 안겨 줄 것이다.

성자가 된 옥탑방 의사 : 바보 의사 장기려
강이경 글 | 권정선 그림 | 우리교육 | 2006 | 중학년용

한국의 슈바이처로 불리는 장기려 박사의 일생을 담은 책이다. 그의 삶은 기독교인의 본보기이자 의사의 본보기라 할 수 있다. 장기려 박사는 우리나라 의료보험조합의 뿌리라 할 수 있는 청십자의료보험조합을 만들었다. 우리나라에서 처음으로 간을 크게 잘라 내는 수술에 성공할 정도로 실력 있는 의사였으나 돈 없는 사람들과 환자들에게 월급을 다 쓰고 자신은 병원 건물에 있는 조그만 옥탑방에서 살았다.
정부의 특별한 배려로 6·25전쟁 때 북쪽에 두고 온 아내와 가족을 만날 수 있었으나 수많은 이산가족을 두고 자신만 특별하게 가족을 만나는 건 옳지 않다고 여겨 마다하다 끝내 아내를 만나지 못한 채 눈을 감고 말았다.

어린이 천로역정
존 번연 글 | 정은영 엮음 | 황문희 그림 | 주니어아가페 | 2008 | 중학년용

《천로역정》은 대표적인 기독교 고전으로 존 번연이 자신의 영적 생활에 기초를 두고 쓴 풍유적 이야기이다. 믿음 씨는 멸망의 도시를 떠나 하늘나라를 찾아 길을 떠난다. 실망의 구렁텅이에 빠지기도 하고, 앞이 보이지 않는 캄캄한 죽음의 골짜기와 자꾸 졸음이 오는 마법의 땅을 지나가다가 사자와 무섭게 생긴 괴물에게 잡아먹힐 뻔한 위험도 겪는다. 어렵고 힘든 길이지만 천사가 건네준 두루마리 성경을 보며 힘을 얻어 마침내 기쁨의 하늘나라에 도착한다.

존 웨슬리 : 믿음으로 하나님께 영광을 돌린 사람

오병학 지음 | 규장 | 2011 | 고학년용

'감리교회의 아버지' 존 웨슬리의 생애를 정리한 신앙 인물 전기이다. 18세기 영국은 교회와 사회가 함께 타락하여 사람들이 영적인 소경의 상태에서 방황하였다. 이러한 때에 웨슬리의 설교는 타락한 영국을 깨우고 잠든 인류를 깨웠다. 웨슬리는 영국 뿐만 아니라 전 세계의 인류에게 구원의 길과 빛이 되어 주었다. 그의 말처럼 전 세계가 그의 교구요, 일터였다.

이 책에서는 이 위대한 하나님의 사람이 어떻게 자신의 믿음을 영국 전역으로 전파하고, 반세기 가까운 기간 동안 지칠줄 모르는 복음 전도자로서 활동했는지를 확인할 수 있다. 그의 삶을 통해 우리는 살아 있는 믿음을 만날 수 있다.

믿음은 하루아침에 자라지 않는다

우리 집 식탁 유리 밑에는 아이들의 어린 시절 사진이 여러 장 놓여 있다. 거실 벽에도 남매의 오래전 사진을 작은 액자에 담아 걸어 놓았다. 그 사진을 보고 있으면 '저렇게 작은 몸 안에 참 많은 가능성이 있었구나.'라는 생각이 든다. 자녀를 키운 경험이 있는 부모라면 한두 번쯤은 이런 생각을 해 보았으리라.

기독교 가정의 부모라면 누구나 자녀들이 믿음 안에서 자라기를 바랄 것이다. 이를 위해 규칙적으로 가정예배를 드리는 가정도 있다. 자녀들의 신앙 교육에 우선순위를 두고 일종의 '가정 헌법' 또는 가정을 위한 규칙을 만들기도 한다.

우리 가정에서는 아이들이 초등학교에 다닐 때 아이들의 일과를 위한 체크리스트를 만들었다. A4 용지에 두 아이가 하루 일과를 끝내고 확인해야 할 10여 개의 항목을 적어서 냉장고 문에 붙여 놓았다. 매달 말일에 용돈으로 시상을 했는데, 점수가 좋은 누나가 늘 3,000원을 받고 남동생이 2,000원을 받곤 했다. 확인하는 항목에는 예습·복습·한자·영어 등과 같은 학습 관련 항목과, 방 정리, 피아노 연습 등이 포함되었다. 신앙과 관련한 항목으로는 성경 읽기가 있었다.

일정 기간이 지난 후에는 몸에 배어 습관이 된 것은 항목에서 빼고 새로운 항목을 추가하여 좋은 습관이 형성되도록 지도했다. 처음에는 부모가 필요하다고 생각하는 항목을 결정했으나 나중에는 아이가 직접 항목을 만들게 했다. 아이들이 스스로 자신의 생활을 체크하는 과정에서 자신감이 자라는 것을 지켜볼 수 있었다.

아이들의 믿음을 강하게 키우는 방법 중의 하나는 신앙 인물 전기를 권하는 것이다. 작은아이(아들)가 초등학교 저학년일 때 나는 미얀마의 선교사 아도니람 저드슨(Adoniram Judson)의 생애를 그린 신앙 인물 만화를 권했다(두란노에서 나온 책인데 지금은 절판되었다). 아들은 만화로 된 신앙 인물 전기인지라 호기심을 가지고 부담 없이 읽었다. 몇 번 읽고 나서 그 책에서 받은 느낌이나 새롭게 알게 된 내용을 표현하는데 기대 이상으로 해당 인물을 정확하게 파악하고 있어 깜짝 놀랐다. 신앙 인물을 다른 영상물이나 만화 또는 공연을 본 후에 그 내용이 자세히 담긴 책을 권하면 아이들은 관심 있게 읽는다. 아들은 그 후에 주기철 목사님 같은 순교자의 생애도 읽었다. 부모가 먼저 신앙 전기를 읽고 감동을 받은 후에 자녀에게 권한다면 그 효과는 배가된다.

믿음은 하루아침에 자라지 않는다. 교회 공동체 안에 존경받을 만한 분이 많이 있다면 그 교회에서 자라는 아이들은 복 받은 아이들이다. 왜냐하면 믿음을 삶으로 보여 주는 사람들이 주위에 많이 있을 때 아이들은 그 본을 따르기 쉽기 때문이다. 만일 상황이 그렇지 못할 때는 교회사에서 훌륭한 위인들의 삶을 알기 쉽게 소개한 책들을 권해 주도록 한다. 아이들은 그런 책을 읽으면서 신앙의 모범을 본받을 뿐만 아니라 인생의 롤 모델을 찾을 수도 있다.

배려하는 아이로
키우는 책

"모든 사람에게 예절 바르고,
많은 사람에게 친절한 사람은
아무에게도 적이 되지 않는다."

벤저민 프랭클린(미국의 정치가)

배려란 무엇인가?

앞을 못 보는 사람이 밤에 물동이를 머리에 이고, 한 손에는 등불을 들고 길을 걸었다.

그와 마주친 사람이 물었다.

"정말 어리석군요. 앞을 보지도 못하면서 등불은 왜 들고 다닙니까?"

그가 말했다.

"당신이 나와 부딪히지 않게 하려고요. 이 등불은 나를 위한 것이 아니라 당신을 위한 것입니다."

이 짧은 예화는 상대방을 위한 배려가 무엇인지를 잘 보여 준다.

남에 대해 전혀 이해하지 못하는 장애를 아스퍼거 신드롬(Asperger Syndrome)이라고 한다. 지적 능력은 정상이지만 사람 사이에서 비언어적 의사소통의 직관적인 이해가 부족해서 생기는 장애이다. 인간관계에서 사회성이 부족한 것을 가리키기도 한다.

이런 장애를 가진 사람들은 자기 세계 속에만 갇혀 있다. 이것은 이기적인 성격과는 다르다. 이기적인 사람들은 남의 입장을 알면서도 자기 욕심 때문에 이기적인 행동을 하지만, 아스퍼거 신드롬을 가진 사람은 아예 남의 입장을 이해하지 못한다.

사스퍼거(Social Asperger)라는 말도 있다. 이는 사회생활 속에서 자신

밖에 모르는 사람들을 뜻한다. 남을 배려할 줄 모르고, 나눌 줄 모르며, 자신에게는 한없이 관대하고 남들에게는 무자비한 사람들을 일컫는다. 남을 이해하지 못한다는 점에서는 아스퍼거와 같으니 남에게 피해를 준다는 점에서 다르다. 이기적인 범주를 넘어 남에 대한 최소한의 예의조차 없다.

배려를 가리켜 '마음을 움직이는 힘'이라고 한다. 고대 그리스의 극작가 메난드로스(Menandros)는 "마음을 자극하는 단 하나의 사랑의 명약, 그것은 진심에서 오는 배려이다."라고 말했다.

배려는 아름다운 미덕이다. 모든 사람에게 필요한 덕목이며 품성이다. 이 미덕은 모든 인간관계에 필요한 덕목이며 모든 공동체가 필요로 하는 가치이다. 특히 오늘의 현실은 실력과 비전뿐만 아니라 다른 사람과 잘 어울리는 조화로운 품성을 요구하고 있다. 학력도 중요하지만 팀워크를 이루는 능력이 중요하기 때문이다. 이제는 경쟁을 통한 효율보다 팀워크를 통한 효율이 강조되고 있다. 이러한 문화에서는 배려하는 품성이 빛을 발한다.

배려는 리더십의 한 요소이다. 통제하고 명령하는 리더십의 시대는 지나갔다. 이제는 존경받는 지도자를 찾고 있다. 존경받는 지도자는 풍부한 정서적 교감을 할 줄 아는 사람이다. 또한 타인에 대한 배려가 무엇인지를 아는 사람이다.

배려는 마음의 힘이다. 이 힘은 저절로 생겨나지 않는다. 오랜 세월

다듬어질 때 형성되는 품성이다. 따라서 어려서부터 배려하는 품성을 키워 주는 일은 매우 중요하다. 배려에 대한 가르침은 우선적으로 가정에서부터 이루어져야 한다.

배려하는 마음을 가르치는 방법

배려는 상대방을 생각하여 도와주거나 보살펴 주고 마음을 쓰는 것이다. 배려하는 사람의 마음은 다른 사람에게 무엇이 필요한지를 먼저 살핀다.

구약성경에 보면 이러한 마음을 가진 인물이 나온다. 바로 〈룻기〉의 보아스이다. 그는 하나님을 섬기는 인정 많은 부자였다. 많은 밭을 가진 그는 어느 날 추수하는 보리밭에서 이방 여인 룻을 보았다. 룻은 추수가 한창인 보리밭에서 땅에 떨어진 이삭을 주웠다. 그런데 바로 그곳이 보아스의 밭이었다. 룻의 형편과 사정을 알게 된 보아스는 룻의 효심에 크게 감동하였다. 그는 자기 종들에게 룻을 잘 보살펴 주라고 했다. 보아스는 룻을 배려해 주었다. 훗날 보아스와 룻은 결혼하여 자녀를 낳았고 그 후손은 다윗 왕의 조상이 되었다.

배려하는 사람은 상대방의 입장에서 생각한다. 어느 변호사의 어머니는 노점상에서 과일을 살 때 고르지 않는다. 좋은 것을 골라 가면 나중에 멍든 과일이나 못난 과일 같은 상품 가치가 없는 과일이 남기 때문이다. 그분은 어려운 시절에 과일 장사를 해 보았기 때문에 과일 장사를 하는 이의 마음을 헤아릴 수 있었다.

상대방의 입장에서 생각하고 도와주는 일은 말처럼 쉽지 않다. 이것은 작은 일부터 습관화해야 하는 품성이다. 김형석 교수가 한 세미나에서 일본 유치원생이 엘리베이터 타는 법을 소개한 적이 있다. 일본 유치원생들은 엘리베이터를 탈 때 입구 쪽에 반달 모양 정도의 공간을 남겨둔다. 타고 내리는 사람을 배려하는 공간으로 남겨 둔다는 것이다. 그 교육 내용은 신선한 충격이었다.

배려라는 품성이 이와 같이 작은 습관에서부터 가능한 것이라면 누구나 그 품성을 자신의 것으로 만들 수 있다. 예를 들면, 뒤따라오는 사람이 있을 때 문 손잡이를 잠시 잡아 주는 것도 작은 배려이다. 배려는 다른 사람의 입장에서 생각하는 것이다. 그리고 그러한 관점에서 도와주거나 보살펴 주는 것이다.

아이들에게 배려의 마음을 가르치기 위해 우리는 무엇을 할 수 있나? 앞에서 언급한 대로 작은 일부터 배려를 가르치고 본을 보이는 것이 중요하다. 식당에서 나올 때 자기가 앉았던 의자를 제 위치에 정돈하는 것부터 시작할 수도 있다. 방문한 손님들의 신발을 가지런히 정리할 수도 있다.

배려는 문화적 차이를 인정하는 마음 자세이기도 하다. 우리에게는 익숙한 습관이 외국인에게는 낯설 수 있다. 예를 들면, 두루마리 화장지가 식탁 위에 있는 것이 외국인에게는 낯설 수 있다. 화장실에 있어야 할 화장지가 제자리에 있지 않다고 생각하기 때문이다. 물론 이것은 사소한 문제일 수 있지만 문화적 차이를 고려하여 상대방의 생각을 이해하고 배려해야 하는 부분이다.

학교생활에서 왕따 문제는 배려하는 마음과도 관련이 있다. 예를 들면, 전학 온 아이가 잘 적응하지 못할 때 그 아이를 배려하는 아이가 있다면 왕따를 당하는 일은 없을 것이다. 초등학교 때 다른 지역의 학교로 전학을 간 경험이 있다면 이러한 배려의 중요성을 잘 알 것이다. 선생님의 배려만큼 친구들의 배려도 중요하다.

그러므로 생활 속에서 자연스럽게 배려를 배워야 한다. 작은 친절과 배려가 우리의 삶에 어떤 의미가 있는지 서로의 생각을 나누어 보는 것도 좋다. 한 달에 한두 번씩 가족들이 둘러앉아 이런 주제로 자유롭게 이야기를 나누어 보자. 배려와 관련하여 자신의 생활을 돌아보고 부족한 부분을 고쳐 나갈 수 있을 것이다.

감사를 기록하는 감사일기가 있듯이, 하루의 삶을 돌아보며 "내가 오늘 실천한 배려의 말과 행동은 무엇인가?" 생각해 보고 간단히 정리해 보는 것도 좋지 않을까?

배려를 가르쳐 주는 책

《둥지 없는 암탉》은 낯선 곳에서 가족과 둥지를 잃어 절망하고 있는 암탉에게 검은 고양이가 다가가 친구가 되어 주고, 새로운 가족과 멋진 둥지까지 가질 수 있게 도와주며 함께 기뻐하는, 따뜻하고 정겨운 이야기이다.

암탉 헨리에타는 이삿짐을 실은 트럭에서 떨어져 졸지에 가족을 잃고 둥지도 잃어버리게 된다. 슬픔에 빠져 있는 이 암탉에게 검은 고양이 콜럼버스가 다가가 자기가 살고 있는 집으로 가자고 한다. 비밀 통로를 통해 들어간 어린 주인의 방은 암탉에게는 새롭고 놀라운 세상이었다.

이 그림책은 실화를 바탕으로 한 이야기이다. 어떤 소녀의 귀여운 암탉이 매일 밤 살금살금 고양이 문을 통해 집 안으로 들어와 소녀의 이불 위에 아름다운 갈색 알을 낳았다고 한다.

작가는 이러한 실화에, 동물들의 감정에 대한 상상력을 더하여 재미있고 정감 있는 이야기를 만들어 냈다. 특히 다채로운 색상과 동물들의 행동을 재치 있게 묘사한 그림들이 생동감을 준다.

이 책의 저자는 어릴 적에 미네소타에 있는 가족 농장에서 토끼, 양, 닭 등 동물들을 길렀다. 그래서 일생 동안 동물한테 많은 관심을 가졌다. 이 이야기에는 그러한 작가의 관심과 애정이 담겨 있다.

이 책은 늘 주위에 함께 있는 가족과 친구들이 얼마나 소중하고 감사

둥지 없는 암탉

캐슬린 카메론 글 | 존 윌슨 그림 |
김경은 옮김 | 으뜸사랑 | 2005 |
저학년용

낯선 곳에서 가족과 둥지를 잃어 절망
하고 있는 암탉에게 검은 고양이가 다
가가 친구가 되어 주고, 새로운 가족
과 멋진 둥지까지 가질 수 있게 도와
주는 이야기이다. 늘 주위에 함께 있
는 가족과 친구들이 얼마나 소중하고
감사한 존재인지를 되새길 수 있다.

한 존재인지를 되새길 수 있게 한다. 아이들이 이 이야기를 읽으면 동물을 장난감이 아닌, 친구로 여기며 사랑하고 보호할 줄 아는 따뜻한 마음을 갖게 될 것이다. 나아가 주변을 둘러보고 가족과 친구들이 없어 힘겨운 불우한 이웃에게 손을 내밀 줄 아는 따뜻한 마음을 지니게 될 것이다.

《**황소 아저씨**》는 추운 겨울밤에 황소 아저씨와 새앙쥐 남매들이 나누는 가슴 따뜻한 이야기이다.

> 황소 아저씨는 보릿짚에 주둥이를 파묻고 쌕쌕 숨소리를 내며 잠들어 있었어요.
> 새앙쥐 한 마리가 외양간 모퉁이 벽 뚫린 구멍으로 얼굴을 쑥 내밀었어요.
> 쪼끄만 두 눈이 반짝반짝했어요.
> 새앙쥐는 쪼르르 황소 아저씨 등을 타고 저기 구유 쪽으로 달려갔어요.
> 황소 아저씨는 갑자기 등이 가려워 긴 꼬리로 세차게 후려쳤어요.
> 달려가던 새앙쥐가 후려치는 꼬리에 튀겨 그만 외양간 바닥에 동댕이쳐졌어요.
> 새앙쥐는 하도 놀라 정신이 얼떨떨했어요.
> 폭신한 보릿짚 덕에 다치진 않았지만 황소 아저씨가 굵다란 목소리로

물었어요.

"넌 누구냐?"

"저…… 새앙쥐예요."

새앙쥐는 무서워 조그맣게 대답했어요.

"그런데 한밤중에 뭣 하러 나왔니?"

"동생들 먹을 것 찾아 나왔어요. 우리 엄마가 갑자기 돌아가셨어요."

황소 아저씨는 뜻밖이었어요.

"먹을 게 어딨다고 남의 등을 타 넘고 가니?"

"저쪽 아저씨 구유에 밥찌꺼기가 있다고 건넛집 할머니가 가르쳐 줬어

요. 앞으로는 아저씨 궁둥이 밑으로 돌아갈 테니, 제발 먹을 걸 가져가

게 해 주세요."

새앙쥐는 오들오들 떨면서 사정을 했어요.

"그랬댔니? 그럼 얼른 구유 안에 있는 거 가져가거라. 동생들이 기다

릴 테니 내 등때기 타 넘고 빨리 가거라."

"아저씨, 참말이어요?"

"그래그래, 참말이잖고."

"아저씨, 고맙습니다."

"한 번만 가지고는 안 될 테니 몇 번이고 배부를 때까지 가져가거라."

새앙쥐는 황소 아저씨 등을 타 넘고 구유 속으로 쪼르르 기어갔어요.

황소 아저씨

권정생 글 | 정승각 그림 |
길벗어린이 | 2001 | 중학년용

추운 겨울밤에 황소 아저씨와
새앙쥐 남매들이 나누는 가슴
따뜻한 이야기이다. 가정과 가
족이 얼마나 소중한지 느낄 수
있고, 이웃의 배려와 사랑에 대
해 감사하는 마음을 갖게 된다.

엄마가 돌아가시고 네 동생을 먹이기 위해 외양간을 기웃거린 새앙 쥐는 커다란 황소 아저씨의 도움을 받아 따뜻한 외양간에서 술래잡기도 하고 숨바꼭질도 하며 행복하게 살게 된다. 힘없는 새앙쥐에 대한 황소 아저씨의 따뜻한 마음에 읽는 이의 마음도 따뜻해지는 동화이다.

아이들이 이 이야기를 읽으면 항상 함께하는 것이 당연하게 여겨지 는 가정과 가족이 얼마나 소중한지를 느낄 수 있고, 이웃의 배려와 사랑 에 대해 감사하는 마음을 갖게 된다.

《떴다 바보 동아리》는 잘난 사람들을 부러워하지 않고 자신의 길을 찾 고자 하는 세 바보의 이야기이다.

조쉬 존슨의 엄마는 조쉬에게 학급 회장 선거에 나가라고 등을 떠민 다. 하지만 조쉬는 그저 꼭꼭 숨어 버리고 싶은 심정이다. 조쉬는 자신이 학급 회장이 되길 바라는 엄마의 기대를 채우지 못해 주눅이 들어 있다. 결국 조쉬는 자신처럼 부모의 기대로부터 도망치고 싶어 하는 가여운 아이들에게 도움의 손길을 내민다.

패배자의 느낌에서 벗어나고 싶은 조쉬는 '부모의 기대에 한참 못 미 치는 아이들을 위한' 바보 동아리를 모집한다. 여기에 연극 주연배우가 되었으면 하는 엄마의 기대에 지친 매그놀리아와, 공부를 잘하기 위해 체스를 배웠으면 하는 아빠의 기대에 질식할 것 같은 왕, 두 명의 친구가 합세한다.

셋은 교묘한 계략을 꾸미지만, 일은 자꾸 꼬여만 간다. 이들은 반짝이는 재치를 발휘해 서로를 돕고, 문제를 해결하면서 자신이 진짜 원하는 것이 무엇인지 알게 된다. 그리고 부모에게 진심을 말할 수 있는 용기도 얻는다.

떴다 바보 동아리

케이트 제이멧 지음 | 김호정 옮김 |
책속물고기 | 2010 | 고학년용

잘난 사람들을 부러워하지 않고 자신의
길을 찾고자 하는 세 바보의 이야기이
다. 셋은 교묘한 계략을 꾸미지만, 일은
자꾸 꼬여만 간다. 이들은 반짝이는 재
치를 발휘해 서로를 돕고, 문제를 해결
하면서 자신이 진짜 원하는 것이 무엇인
지 알게 된다.

미안해라고 말해 봐

시빌레 리크호프 지음 | 임정희 옮김 | 주니어김영사 | 2009 | 유아용

아이들에게 친구와의 우정을 키워 나가고 지켜 나가는 데 가장 중요한 것을 가르쳐 준다. 그것은 바로 잘못했을 때 "미안해." 라는 말을 건네는 것이다.

이 그림책은 다람쥐 루키가 비상식량으로 아껴 둔 열매를, 낮잠을 자는 멧돼지 로미오의 코 위로 떨어뜨리면서 벌어지는 사건 사고를 담았다. 특히 로미오가 복수를 꾸민다거나 굶주려 죽을지 모른다는 등 루키의 엉뚱하고 황당한 상상이 꼬리에 꼬리를 물고 펼쳐져 아이들의 흥미를 불러일으킨다. 표정이 아기자기하게 살아 있는 동물 친구들이 등장하여 아이들이 재미나게 읽을 수 있다.

숲 속의 축제

아크람거셈푸르 글 | 아푸러 노바허르 그림 | 김영연 옮김 | 큰나 | 2009 | 유아용

숲 속에서 살고 싶어 하는 까마귀의 이야기이다. 까마귀는 아주아주 맘에 쏙 드는 숲을 찾아내고 그곳에 살기로 했다. 그리고 숲 속 친구들을 생일 파티에 초대하기로 마음먹는다. 열심히 땀 흘리며 둥지를 짓고, 맛있는 음식을 준비했다. 드디어 생일날이 되고 숲 속 친구들을 초대했는데, 생각지도 않은 일이 일어나 까마귀는 막 울고 싶고 슬퍼졌다.

생일 파티에서 무슨 일이 생긴 걸까? 너무 바쁜 까마귀를 생각하는 숲 속 친구들의 따뜻한 마음을 통해 친구와 우정의 소중함을 되새길 수 있다. 새들과 코끼리 등 다양한 동물이 어우러지는 모습을 통해 너와 나의 다름을 존중하고 소중히 여기는 마음도 배울 수 있다.

짜증난 곰을 달래는 법

닉 블랜드 글 · 그림 | 송연수 옮김 | 키득키득 | 2010 | 유아용

귀엽고 유머러스한 그림 속에 다른 이와 소통하는 비밀이 숨어 있는 그림책이다. 큼직큼직하면서도 따뜻하고 선명한 색감의 그림과 내세우지 않는 듯 은은하게 교훈이 깔린 다정한 이야기가 펼쳐진다.

몹시 춥고 비까지 뿌리는 어느 날, 네 친구는 따뜻한 동굴을 찾아 들어갔지만 엉겁결에 자고 있던 곰을 깨우게 된다. 곰은 짜증을 마구 부리며 네 친구를 내쫓고, 네 친구는 나름대로의 해결책을 제시하며 곰을 달래려고 한다.

개구리네 한솥밥

백석 글 | 강우근 그림 | 길벗어린이 | 2001 | 저학년용

한국적 정서가 물씬 풍기는 동화시이다. 개구리 한 마리가 길을 간다. 형네 집에 쌀 한 말을 얻으러 바삐 간다. 그런데 가는 길에 누군가 우는 소리가 들린다. 개구리는 발을 다친 소시랑게, 길을 잃은 방아깨비, 구멍에 빠진 쇠똥구리, 풀대에 걸린 하늘소, 물에 빠진 개똥벌레를 차례로 만난다. 마음 착한 개구리는 매번 그냥 지나가지 못하고 그들을 도와준다.

서로 돕고 사는 동물들의 모습을 한국적인 정서가 물씬 풍기는 시어와 운율에 담았다. 시라는 형식이 지닌 리듬감과 시어의 반복이 독자의 흥을 돋우어 주고, 이야기에 빠져 들게 한다. 덥적덥적, 뿌구국, 디퍽디퍽, 허덕허덕 등 의성어와 의태어, 그리고 생소하지만 토속적이고 정겨운 언어가 재미를 더해 준다.

너희들하고 안 놀아

우르줄라 뵐펠 글 | 김세희 그림 | 김완균 옮김 | 베틀북 | 2008 | 저학년용

아이들의 실제 경험을 바탕으로 한 5편의 동화가 실려 있다. 표제작인 〈너희들하고 안 놀아〉는 이주한 노동자와 가난한 사람들이 모여 사는 기찻길 골목 아이들 사이에서 우정이 싹트는 과정을 얘기한다. 그 밖에 수록된 작품들도 세계 각지에서 빈부 차와 선입견, 무관심, 인종 차별 등으로 겪는 고통과 서로 다른 환경의 사람들이 함께 살아가는 모습을 보여 준다.

관심: 따뜻한 사랑의 시작

최정희 글 | 이상민 그림 | 꿈소담이 | 2008 | 중학년용

작은 관심으로 시작한 세 주인공의 사랑 이야기이다. 새롭게 변한 환경에 적응하지 못하는 진이, 독특한 행동으로 왕따가 되어 버린 영순이, 자식에 대한 그리움으로 살아가는 해남 할머니. 세 사람은 서로에 대한 작은 관심으로 만남을 시작하고, 진정한 우정을 나누며, 살아갈 힘과 용기를 얻게 된다. 이 책을 통해 "나를 필요로 하는 사람은 누구일까?" 생각해 볼 수 있다.

레니의 공간

케이트 뱅크스 글 | 황수민 그림 | 이선희 옮김 | 크레용하우스 | 2010 | 고학년용

뛰어난 관찰력, 승부욕, 학습력, 그리고 과학적 호기심을 지녔지만 감정 조절력이 부족하여 선생님들과 친구들에게 인정받지 못하는 소년 레니의 이야기를 담고 있다. 레니가 뮤리엘 선생님과 친구 밴을 만나면서 마음을 열고 타인을 이해하는 과정을 다루며 자신의 감정뿐 아니라 타인의 감정도 중요함을 일깨워 준다. 아울러 타인의 감정을 마음으로 공감하면서 함께 기뻐하고 슬퍼할 때 성숙해짐을 보여 준다.

작은 실천에서 배려를 배운다

고대 그리스의 희극 작가 메난드로스는 "마음을 자극하는 단 하나의 사랑의 명약, 그것은 진심에서 오는 배려이다."라고 말했다. 배려의 사전적 의미는 "여러 가지로 마음을 써서 보살피고 도와주다." 또는 "관심을 가지고 도와주거나 마음을 써서 보살펴 주다." 이다.

'배려'에 해당하는 영어 표현을 찾기는 쉽지 않다(일반적으로 consideration 혹은 care로 옮긴다). '케어(care)'한다는 것은 관심을 가지고 돌본다는 의미가 있으므로 배려의 뜻과 어느 정도 통한다고 할 수 있다.

우리 부부는 처음부터 맞벌이를 했다. 아이들이 어렸을 때는 아이들을 돌봐 주는 분을 집으로 오시게 해 도움을 받은 적도 있고, 아이들을 돌봐 주는 분의 집에 맡겨서 보살핌을 받기도 했다. 그런데 큰아이가 초등학생이 된 후에는 특별히 말하지 않아도 동생을 잘 챙겼다. 동생과는 2년 2개월 정도밖에 차이가 나지 않아 사실 큰아이도 어린아이였는데 누나로서의 책임감 때문인지 동생을 잘 돌보았다.

누군가 한국형 리더십의 핵심을 '배려와 양보'라고 말한 적이 있다. '배려와 양보'가 옛 사람들의 리더십이요, 선비 정신이라는 것이다. 이러한 정신은 하루아침에 형성되지 않는다. 조선의 선비들은 유교 경전을 늘 가까이하면서 '배려와 양보'의 정신을 배웠으리라.

오늘날 아이들의 인간관계에서 '배려와 양보'를 찾아보는 것은 쉽지 않다. 예전처럼 자녀를 여럿 키우지 않기 때문에 형제자매 간의 위계질서를 배울 기회가 없어졌기 때문이기도 하다. "아이들은 싸우면서 큰다."는 말이 있듯이 아이들은 크고 작은 다툼을 경험하면서 대화하는 법, 타협하는 법 그리고 배려하고 양보하는 법을 배우게 된다.

어찌 보면 큰아이는 늘 동생에게 양보해야 하기 때문에 마음이 힘들 수 있다. 부모를 대신해서 동생을 돌보아야 하는 경우 적지 않은 스트레스를 받기도 할 것이다. 더구나 동생이 고집이 세거나 말을 잘 듣지 않는다면 큰아이가 받는 스트레스는 더 커진다. 이러한 상황에서 아이는 어떻게 배려의 성품을 배울 수 있을까?

모든 습관은 작은 실천에서 배우게 된다. 뒷사람을 위해 출입문을 잡아 주는 배려, 엘리베이터 앞에서 잠시 기다려 주는 배려, 나보다 급한 사람에게 길을 비켜 주는 배려를 하는 데 걸리는 시간은 4~5초밖에 되지 않는다. 부모가 다른 사람을 위해 배려하는 모습을 보면서 아이들은 배려의 마음을 배우게 된다.

배려를 가르쳐 주는 책들도 배려의 성품을 키우는 데 도움이 된다. 특히 우리나라의 전래 동화는 슬기, 교훈, 지혜는 물론 관용과 배려의 성품을 일깨워 준다. 예를 들면, 흥부가 구렁이의 습격을 받아 다리가 부러진 제비를 고쳐 주는 장면은 배려하는 마음을 잘 보여 준다. 이와 같은 동화를 읽으면서 아이들은 감동을 받고, 그 감동은 친절하고 배려하는 행동으로 이어진다. 배려는 겸손이나 친절의 덕목만큼 아름답고 중요한 성품이다.

부모를
공경하는 아이로
키우는 책

"자식이 효도하면 어버이는 즐겁고,
집안이 화목하면 모든 일이 이루어진다."

명심보감

부모 공경의 의미

동양 사상에 따르면 부모 공경이 모든 윤리의 바탕이다. 장자는 "부모를 공경하는 효행은 쉬우나, 부모를 사랑하는 효행은 어렵다."고 했다. "내가 아버지께 효도하면 자식이 또한 나에게 효도한다. 내가 어버이께 효도하지 않는데, 자식이 어찌 나에게 효도하겠는가." 이것은 중국 주나라의 정치가 강태공(姜太公)의 말이다.

소크라테스는 "내 자식들이 해 주기를 바라는 것과 똑같이 네 부모에게 행하라."고 말했다. 설교자 헨리 워드 비처(Henry Ward Beecher)는 "우리가 부모가 됐을 때 비로소 부모가 베푸는 사랑의 고마움이 어떤 것인지 절실히 깨달을 수 있다."고 했다.

기독교의 가르침도 부모 공경이 매우 중요한 가치라는 것을 보여 준다. 사도 바울은 십계명의 제5계명을 '약속 있는 첫 계명'이라고 말했다. 16세기의 개혁자 장 칼뱅(Jean Calvin)은 제5계명을 설명하면서 "자기를 낳아 준 분들의 노고를 인정하지 않는 자들은 인생의 혜택을 받을 자격이 없다."고 했다.

오늘날 우리는 부모 공경에 관한 성경적 가르침을 잊고 있다. 스스로 진리를 알고 있다고 자부하는 기독교인들조차도 부모 공경의 기본을 모른다. 《성경적 효 입문》의 저자 김시우 교수에 의하면, 성경적 효는 하나님을 경외하며 주 안에서 부모를 사랑으로 공경하며 섬기는 것이다. 그는 특히 효(孝)와 충(忠)의 사람으로서 요셉을 언급했는데, 요셉은 부모 형제를 구제하고, 왕에게 충성되고 깨끗한 삶을 살았다.

부모 공경은 마음의 문제이며 작은 일에서부터 시작한다. 고도원의 저서 《부모님 살아 계실 때 꼭 해드려야 할 45가지》에서는 부모를 위해 다음과 같은 일을 실천하자고 말한다.

좋아하는 것 챙겨 드리기, 사랑한다고 말로 표현하기, 학교나 회사 구경시켜 드리기, 소문난 맛집에 모시고 가기, 노부모와의 대화법 익히기, 내가 축하받는 자리에 부모님 모시기, 하루라도 건강하실 때 모시고 여행 다니기, 부모님 댁에 들를 때마다 구석구석 살펴 드리기, 인생 9단인 부모님께 여쭈어 보기, 생신은 꼭 챙겨 드리기, 홀로되신 부모님께 친구 만들어 드리기 등이다.

뿐만 아니라 부모님 손에 내 손을 마주 대보기, 부모님이랑 노래 불러 보기, 함께 공연 보러 가기, 부모님이랑 노래 불러 보기, 부모님의 젊은 시절 사진을 액자로 만들어 드리기, 감사장 만들어 드리기, 엄마 앞에서 어리광 피우기 등의 구체적이고 때로는 미소 짓게 하는 재미있는 제안도 들어 있다.

이러한 내용은 부모 공경의 실천이 먼저 부모의 마음과 필요를 살피는 데서 시작한다는 것을 보여 준다.

자녀들에게 어른 공경을 가르칠 때도 마음에서 우러나오는 효심(孝心)을 깨우치는 것이 우선되어야 한다. 물론 부모 공경은 단순히 육신의 어버이를 공경하라는 가르침으로 끝나지 않는다. 제5계명은 하나님이 세우신 모든 권위에 대한 가르침이다. 이것은 아랫사람이 윗사람을 대하는 태도를 가르치는 것이기도 하다. 왜냐하면 십계명 중 제5계명의 요점은 하나님이 우리 위에 세우신 사람들을 존경과 순종과 감사로 대해야 한다는 것이기 때문이다.

부모 공경을 가르치는 방법

부모 공경을 자녀에게 어떻게 가르칠 수 있나? 자녀들에게 어떻게 성경적 효를 가르칠 수 있나? 무엇보다도 부모가 자신의 부모를 공경하면 자녀들도 부모를 공경하게 된다. 그만큼 부모가 공경을 받으려면 부모 자신의 책임이 크다.

그러나 부모 공경은 부모의 자격에 따라 달라지는 문제가 아니다. 부모에게는 하나님이 부여한 권위가 있다. 자녀가 인격적으로 성장하고 사회적으로 독립할 때까지 부모는 울타리 역할을 한다. 또한 부모는 자녀의 신앙적·영적 성숙에 관심을 갖고 지켜보아야 한다. 이러한 부모 역할의 배후에는 하나님이 주신 권위가 있다. 자녀는 그 권위를 인정하고 순종해야 한다. 이것이 제5계명의 기본적인 가르침이다.

🐝 부모에게 하지 않으면 안 될 10가지

1. 사랑한다는 고백을 자주 해라. 쑥스럽거든 편지라도 써라.

2. 늙음을 이해해야 한다. 어른은 한 번 되고 아이는 두 번 된다는 말이 있다.

3. 웃음을 선물해라. 기뻐서 웃은 것이 아니라 웃기 때문에 기뻐진다.

4. 용돈을 꼭 챙겨 드려라.

5. 부모에게 일거리를 드려라. 나이가 들수록 설 자리가 필요하다.

6. 이야기를 자주 해 드려라.

7. 밝은 표정은 부모에게 가장 큰 선물이다.

8. 작은 일도 상의하고 문안 인사를 잘 드려라.

9. 부모의 인생을 잘 정리해 드려라.

10. 가장 큰 효는 부모의 방식을 인정해 드리는 일이다.

부모 공경을 아이에게 가르치는 일은 공식적인 교육을 통해서 이루어질 수 있으나 더 중요한 것은 비공식적인 방식을 통해 이루어지는 교육이다. 3대가 함께 사는 가정이라면 자연스럽게 효 교육이 이루어질 수 있다. 그렇지 않다면 정기적으로 어른들을 찾아뵙고 안부를 묻는 모습을 보여 줄 필요가 있다. 우리는 부모 공경을 가르치기 어려운 시절을 살고 있다. 다시 효의 전통을 성경적 조망 가운데 이해하고 아이들을 키우는 데 적용한다면 새로운 길이 보일 것이다.

부모 공경을 가르쳐 주는 책

《**효성 깊은 며느리와 호랑이**》는 효도에 관련된 창작 동화, 위인 동화, 만화, 동시, 그리고 오늘의 효행 실천 사례까지 아름다운 이야기들을 가득 담은 책이다.

우리 민족은 예부터 효를 중요한 덕목으로 여겼다. 우리 조상들은 부모에게 효도하는 것을 가장 중요한 일이라고 생각했다. 부모가 하신 말씀은 모두 맞다고 생각했으며, 부모를 위해서라면 어떤 일이라도 주저하는 법이 없었다. 부모가 편찮으시다면 산과 들, 강을 뒤져서 약을 구해 오고, 남의 집 종살이도, 품팔이도 마다 않고 했다.

이 책의 첫 자리에 소개된 전래 동화 〈혀가 따가워지는 밥〉은 신라 진성 여왕 때 살았던 지은이의 이야기이다. 지은이는 아버지가 일찍 돌아가셔서 눈먼 어머니를 보살펴 드리며 어렵게 살았다. 지은이는 먹을 것을 얻기 위해 고생을 많이 하였다. 나물을 뜯어다 팔기도 하고 삯바느질도 했다. 그래도 지은이는 자기가 고생을 한다고 생각하지 않았다. 나중에 지은이는 종살이를 하면서 부자들만 먹는 음식을 어머니에게 가져다 드렸다. 그런데 어머니는 조금도 좋아하시지 않았다. 지은이가 왜 음식을 드시지 않는지 여쭤 보았더니 어머니는 "요즘은 좋은 음식을 먹는데도 마치 가시를 삼키는 것 같구나. 혀가 따갑고 목구멍이 아파 먹을 수가 없으니……."라고 대답하셨다. 결국 지은이는 자기가 종으로 팔려 간 사실을 고백했다. 모녀는 서로 안고 울었는데 눈물이 그치지를 않았다. 이 소식을 들은 진성 여왕은 지은이에게 많은 곡식을 보내 주고, 집도 주었으며, 곡식과 집을 지켜 줄 병사까지 보내 주었다. 진성 여왕은 마을 이름도 '효양리'로 바꾸게 했다고 한다.

요즘에는 예전에 비해 효의 중요성이 약해지고는 있지만, 아직까지 자신을 희생하여 부모를 살리는 경우가 많이 있다. 아버지를 위해 자기의 간을 이식해 드린 자녀의 이야기. 병든 할아버지와 할머니를 정성껏 간호한 손녀 이야기를 지금도 종종 듣는다. 모두 효성심에서 우러나온 것이다.

이 책은 초등학교 저학년을 위한 생활 동화로서 효도에 관한 가슴 뭉클하고 아름다운 이야기를 통해 우리 어린이들이 부모를 공경하는 마음을 키울 수 있다.

《조선시대 최고의 효녀 심청전 이야기》는 효녀의 대명사라고 할 수 있는 심청에 관한 이야기를 담은 책이다. 고대 소설 중에는 오랜 세월 동안 전해 내려오던 민간 설화를 중심으로 구성된 작품이 많다.《심청전》역시 그중 하나라고 할 수 있다.《심청전》은 작품이 지어진 연대와 작가가 알려지지 않았다. 하지만《심청전》은 오랜 세월을 지나오면서 그 어떤 작품보다 많은 사람의 사랑을 받았다. 그런 까닭에 이 소설의 주인공 심청은 곧 효도와 같은 낱말이 되었다.

효성 깊은 며느리와 호랑이

최은규 등 글 | 정지영 등 그림 | 교학사 |
2002 | 저학년용

효도에 관련된 창작 동화, 위인 동화, 만화, 동시, 그리고 오늘의 효행 실천 사례까지 아름다운 이야기들이 가득 담겨 있다. 효도에 관한 가슴 뭉클하고 아름다운 이야기를 통해 우리 어린이들이 부모를 공경하는 마음을 키울 수 있다.

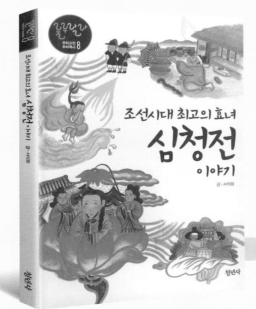

조선시대 최고의 효녀 심청전 이야기

서석화 지음 | 청년사 | 2011 | 중학년용

효녀의 대명사라고 할 수 있는 심청에
관한 이야기를 담은 책이다. 심청의 이
야기는 인간으로 태어나 지켜야 할 가장
중요한 도덕적 가치가 효도임을 강조하
고 있다.

심청의 이야기는 인간으로 태어나 지켜야 할 가장 중요한 도덕적 가치가 효도임을 강조한다. 진정한 효심은 세상 모든 것을 감동시킨다. 우리 조상들은 몸과 마음을 다 바쳐 부모를 섬기다 보면 기적이 일어나 행복해질 수 있다는 생각을 갖고 있었다.

더 읽으면 좋은 책

엄마 아빠를 사랑하는 아주 특별한 방법
조시 리먼 지음 | 그레그 클라크 그림 | 데카 옮김 | 내인생의책 | 2011 | 유아·저학년용

부제는 '현명한 어린이들의 비밀 지침서'이다. 이 책은 아이들은 알지만, 부모는 잘 모르는 아이의 속마음을 알려 준다. 특히 아이들의 말썽 속에 숨은 엄마 아빠에 대한 사랑을 일상 속 재미난 이야기와 익살스러운 그림으로 표현했다. 아이들은 이 책을 보고 반짝이는 아이디어를 얻을 수 있고, 부모들은 아이의 속마음을 이해할 수 있다.

효도하는 법을 알아야 효자
최하림 지음 | 풀빛 | 1999 | 중학년용

우리나라 고유의 전래 동화들을 모은 책이다. 전래 동화는 동심을 바탕으로 하여 꾸며진 것으로 일정한 구조를 가진다. 이 책에서 아이들은 옛부터 전해 내려오는 우리 조상의 슬기를 느낄 수 있다. 흥미진진하고 재미있는 전래 동화를 읽는 가운데 옛 어른의 지혜와 유머도 배울 수 있다. 미소를 짓게 하는 마무리는 읽는 이의 마음에 여유를 주고 나아가 깨달음을 준다.

하늘을 감동시킨 효자 이야기
우리누리 지음 | 주니어중앙 | 2010 | 중학년용

부모를 정성을 다해 섬긴 효자 ·효녀 10명에 대한 이야기이다. 우리 조상이 효에 대해 생각하고 실천해 간 모습을 엿볼 수 있다. 풍성하고 따뜻한 해학적 그림을 함께 담아내 아이들이 집중할 수 있게 했다. 아울러 친숙함이 느껴지는 캐릭터 '백두 낭자'와 '한라 도령'을 등장시키고 최신 정보와 사진 등을 곁들여 관련 지식을 쉽게 전달하고 있다.

효자 아들과 어머님의 지혜
이상각 지음 | 한샘닷컴 | 2004 | 중학년용

고려장 제도에 얽힌 전래 동화이다. 옛날 한 나라에 늙은 부모를 산에 버리는 고려장이라는 법이 있었다. 효자 아들은 어머니를 버릴 수 없어 산에 토굴을 만들어 어머니가 살 곳을 마련한 다음, 매일 산을 오르내렸다. 그러던 어느 날 나라에서 중국 사신의 말도 안 되는 요구를 풀어 줄 사람을 찾게 되고, 다행히 효자의 어머니 덕분에 그 답을 풀 수 있었다. 경험과 연륜이 묻어나는 노인의 지혜와 어머니를 사랑하는 효자 아들의 애틋한 사랑이 감동적으로 다가온다.

하늘이 내린 다섯 효자 이야기
도봉환 엮음 | 최영갑 글 | 김재곤 그림 | 성균관 | 2006 | 고학년용

성주 도씨 가문의 다섯 효자에 대한 역사 기록을 바탕으로 아이들이 쉽게 읽을 수 있도록 만든 책이다. 호랑이가 지켜 준 '만홍', 까마귀가 알아준 '명천', 참새도 내려앉은 '명찬', 죽을 때까지 부모의 무덤 옆에 오두막을 짓고 묘를 돌본 '상충', 하늘도 감동한 '시복' 다섯 형제의 감동적인 이야기가 담겨 있다. 효의 의미가 퇴색되는 오늘날에 아이들에게 효에 대해 생각해 볼 수 있게 한다.

주 안에서 부모를 사랑으로 공경하라

어버이날에 아이들이 유치원에서 종이로 만든 카네이션을 들고 와서 엄마 아빠의 가슴에 달아 주는 모습은 언제 보아도 아름답다. 아이들이 부모의 은혜에 대한 넓이와 깊이를 제대로 알아서 그와 같은 감사를 표시하는 것은 아닐지라도 어버이날에 사랑과 감사의 표현을 하는 것은 필요한 일이다.

사람은 철이 들면 부모의 은혜를 안다고 한다. 그러나 부모 공경은 아이들이 저절로 깨닫고 배울 수 있는 것이 아니다. 그래서 우리나라에서는 예로부터 충·효를 강조했고, 특히 효를 인생의 중요한 가치로 가르쳤다. 이 효 사상은 지금도 중요한 가치이다.

《사자소학(四字小學)》을 살펴보면, 자녀가 어떻게 행동해야 하는지 잘 나와 있다.

"높은 나무에 올라가지 말라. 부모님께서 근심하시느니라.
깊은 연못에서 헤엄치지 말라. 부모님께서 염려하시느니라.
부모님이 입으실 옷이 없으시거든 내가 입을 옷을 생각지 말며
부모님이 드실 음식이 없으시거든 내가 먹을 음식을 생각지 말라."

'부모 공경'이란 무엇인가? 그것은 부모의 고귀한 지위와 인격을 공손히 받들어 섬긴다는 뜻이다. 부모의 입장에서 우리는 아이들에게 순종을 요구할 때가 있다. 그런데 진정한 순종은 부모를 공경하는 마음에서 나온다고 말할 수 있다.

우리 가정은 남매를 키울 때 어른 공경과 부모 공경에 특별히 관심을 기울였다. 가능하면 아이들이 할아버지 할머니를 자주 뵙도록 신경을 썼다. 자가용 없이 대중교통을 이용하면 약 두 시간 정도 걸리지만 아이들은 명절과 생신 때뿐만 아니라 평상시에도 찾아뵙는 것을 좋아했다. 나는 일주일에 한 번 정도 부모님 댁에 들러 저녁 식사를 함께 한다. 작은아이는 할아버지를 만나면 장기를 두곤 하는데 그 경험은 아름다운 추억으로 남게 될 것이다.

아이들이 어릴 때 들려준 전래 동화 중에 《할미꽃 이야기》가 있는데 가슴 아픈 이야기이지만 효를 가르쳐 주는 교훈이 담겨 있어 교육적으로 의미가 있었다. 《효성 깊은 며느리와 호랑이》 같은 동화도 아이들에게 효의 의미를 전해 주는 전래 동화이다.

국내 최초의 '효 박사'인 김시우 교수는 《성경적 효 입문》이라는 저서에서 부모 공경의 계명을 바탕으로 한 '성경적 효'가 믿음과 행함의 원동력이라고 역설한다. 성경적 부모 공경에 대한 가르침이 사라지고 있는 이때에 우리는 주 안에서 부모를 사랑으로 공경하며 섬기는 것이 무엇인지를 자녀들에게 가르쳐야 한다.

비전을
가진 아이로
키우는 책

"꿈을 계속 간직하고 있으면
반드시 실현할 때가 온다."

요한 괴테(독일의 문호)

비전이란 무엇인가?

스위스의 사상가 카를 힐티(Carl Hilty)는 "인생 최고의 날은 자기 인생의 사명을 자각하는 날이다."라고 말했다.

꿈은 다른 말로 비전(vision)이라고도 한다. 비전이나 꿈을 갖는 것은 인간만이 지닌 특성이다. 비전이란 무엇인가? 비전은 보는 것이다. 그것은 자신의 미래상을 미리 보는 것일 수도 있다.

비전을 가진 사람은 많으나 비전을 이루는 사람은 소수에 불과하다. 그러나 비전을 이룰 수 있는 능력은 이미 하나님께서 모든 사람에게 부여해 주셨다. 그럼에도 불구하고 왜 많은 사람이 비전 없이 살아가고 있는가? 그 이유는 비전에 대해 관심이 없기 때문이다.

비전은 기독교인의 삶에서 핵심 가치 중 하나이다. 비전을 갖는 것은 올바른 과녁을 겨냥하는 것이다. 비전은 열정을 창출하고 열정은 비전을 성취한다. 우리가 믿는 하나님이 곧 비전의 하나님이며 열정의 하나님이기 때문이다.

비전은 우리 아이들에게 어떤 의미가 있나?

첫째로, 비전은 힘을 가지고 있다. 아이들을 만나 "네 꿈은 뭐니?"라고 물어보면 바로 답을 하는 아이가 있는 반면에, 그렇지 못한 아이도 있다. 때로는 시간이 지나면서 처음에 가졌던 꿈이나 비전이 바뀌기도 한다. 어떤 사람은 어렸을 적에 품었던 꿈을 어른이 되어 이루는 경우가 있다. 하지만 중·고등학교 또는 대학생이 되어서 구체적인 인생 계획을 세우고 꿈을 이루어 가는 경우도 있다.

꿈을 어느 시점에서 갖느냐 하는 것은 아이마다 다를 수 있다. 하지만 어린 시절에 아무런 꿈도 없이 지내는 아이보다는 꿈을 가진 아이가 자신의 목표를 향해 꾸준히 노력하기가 쉽다. 꿈은 열심히 공부하도록 동기 부여를 해 주는 힘이 있기 때문이다.

둘째로, 비전은 목표를 바라보게 한다. 비전은 미래이다. 무한한 미래를 바라보는 것은 눈이 아니라 마음이다. 스티븐 코비(Stephen R. Covey)는 "비전은 지성의 눈으로 미래를 보는 것이다."라고 했다. 비전을 가진 사람은 미래를 바라보지만 현재의 일을 소홀히 하지 않는다. 아이들이 비전(꿈)을 갖는다면 목표 의식을 가지고 현재 해야 할 일을 무시하지 않을 것이다. 비전이 있을 때 아이들은 결승선을 바라보며 곁눈질하지 않고 힘차게 달릴 수 있다.

셋째로, 비전은 더 멀리 보는 능력이다. 비전이란 다른 사람들보다 더 멀리, 더 넓게 보는 능력을 뜻한다. 비전을 가진 사람은 크게 생각하고, 새롭게 생각하고, 미래를 생각한다. 그는 나무와 숲을 함께 본다.

우리는 아이들이 꿈과 비전을 갖도록 지도해야 한다. 비전을 세우는 것은 행복한 인생의 지름길이기 때문이다.

비전을 갖도록 지도하는 방법

우리 아이들은 어떻게 비전을 갖게 되는가?

성공한 인물들을 연구한 결과에 따르면, 모두 초등학교 또는 청소년 기에 꿈을 갖거나 비전을 품었다. 어떤 사람은 주위에 바람직한 롤 모델 이 있어서 결정적인 영향을 받았다. 예를 들면, 선교사의 자녀가 선교사 로 헌신하는 경우이다. 전문직을 가진 부모의 영향을 받기도 한다.

부모가 자녀가 롤 모델로 삼을 수 있는 사람들을 만날 수 있는 기회를 만들어 줄 때도 있다. 어떤 이는 아이가 롤 모델을 찾을 수 있도록 최소 한 다섯 명의 명사(名士)를 만날 수 있는 기회를 만들라고 제안한다. 이 러한 만남을 통해 아이들은 도전과 자극을 받을 수 있다. 학교나 교회에 서 저자나 명사를 초청해 특강을 듣고 대화를 나누는 시간을 갖는 것도 좋다. 저자의 책을 미리 읽고 심도 있는 발제와 독서 토론을 하는 것도 유익하다.

《영적 지도자 만들기》의 저자 로버트 클린턴에 따르면 대부분의 지 도자들의 생애에는 책과의 만남이 있었다. 책이 그들의 인생에 결정적 인 전환점의 계기가 되고, 새로운 비전을 주었다. 앞에서 언급했듯이 신 앙 인물 전기를 읽고 선교사나 목회자가 된 사람이 적지 않다.

따라서 초등학교 시절에는 아이들에게 다양한 인물의 전기를 읽도록 지도하는 것이 필요하다. 인물 전기는 아이들에게 비전을 제시해 주기 때문이다.

한국기독청소년교육원의 조만제 원장은 2남 2녀를 두었는데, 자녀들이 어렸을 때 인물 전기를 읽힘으로써 아이들의 관심과 성향을 어느 정도 파악할 수 있었다고 한다. 후에 두 아들은 의사와 목회자가 되었고, 두 딸은 영어 교육, 기독교 교육 전공자가 되었다.

비전을 이야기할 때 조심해야 할 점이 있다. 그것은 개인적인 야망을 비전으로 생각해서는 안 된다는 것이다. 우리 아이들이 가져야 하는 비전은 세상의 야망이 아니라 하나님의 비전이다. 그 비전은 하나님이 부르시는 소명의 자리로 나아가게 하는 꿈이다. 부모와 교사는 아이들이 하나님이 주신 꿈과 비전을 발견하도록 뒤에서 지켜보며 기도해야 한다.

비전을 제시하는 책

《반기문 총장님처럼 되고 싶어요》는 《바보처럼 공부하고 천재처럼 꿈꿔라》의 어린이 판이다.

반기문은 초등학교 때부터 공부 욕심이 많았다. 고등학교 때는 영어 공부에 몰입했다. 시골 출신으로 서울에서 열리는 영어 대회에서 1등을 한 뒤, 미국에 한 달 동안 특별 연수를 가게 되었다. 그곳에서 케네디 대통령을 만나서 외교관의 꿈을 품게 되었다.

반기문은 서울대학교에 입학해서도 도시 출신 친구들에게 기죽지 않고 공부를 했다. 그는 서울대 외교학과에서 성실한 필기왕으로 통했다. 교수들도 그를 칭찬했다. 필기를 열심히 한다는 것은 언제나 최선을 다한다는 점과 성실함을 보여 주는 사례이기 때문이다. 외교관이 된 후에도 그는 필기력을 발휘하며 성공 가도를 달렸다.

개인적인 생활 철학을 묻는 한 인터뷰에서 그는 "항상 나 자신보다 상대방의 입장에서 배려하고 이해하고 존중하려는 노력을 많이 합니다."라고 대답했다. 반기문의 진정한 매력은 언제나 한결같은 친절하고 따뜻한 마음이다. 선배나 상사들은 열심히 일하는 반기문을 아끼고 신임했고, 후배 직원들은 상대를 진심으로 배려하는 그를 존경했다.

이제 반기문은 국제 사회의 인재로 우리나라의 자랑이고, 청소년에게 희망이다. 이 책에는 어린이 반기문이 초등학교 시절 변영태 외교부 장관의 연설을 듣고 '나라를 위해 일하는 사람이 되겠다.'는 꿈을 품고 그것을 이루기 위해 한 단계 한 단계 노력하는 이야기가 흥미진진하게 펼쳐진다. 이 책을 통해 아이들은 꿈과 비전의 중요성을 깨달을 수 있다. 또한 꿈을 이루기 위해서 최선의 노력을 해야 한다는 사실도 배울 수 있다. 아이들의 가슴에 비전을 심어 줄 수 있는 책이다.

《마이클 조던과 운동화 속의 소금》은 키가 작아 고민하던 마이클 조던이 어떻게 세계 최고의 농구 선수가 되었는지를 잘 보여 준다.

반기문 총장님처럼 되고 싶어요

김경우 지음 | 명진출판 | 2007 | 중학년용

반기문은 국제 사회의 인재로 우리나라
의 자랑이고, 청소년에게 희망이다. 이
책에는 그가 어릴 때부터 외교관의 꿈을
품고 그것을 이루기 위해 한 단계 한 단
계 노력하는 이야기가 흥미진진하게 펼
쳐진다.

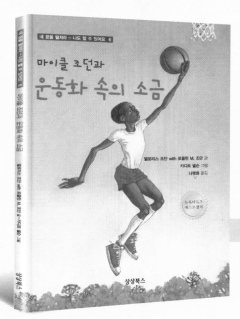

마이클 조던과 운동화 속의 소금

델로리스 조던, 로즐린 M. 조던 글 |
카디르 넬슨 그림 | 나명화 옮김 | 상상북스 |
2009 | 중학년용

키가 작아 고민하던 마이클 조던이 어떻
게 세계 최고의 농구 선수가 되었는지를
잘 보여 준다. 어떠한 장애와 어려움도
극복하겠다는 의지와 끊임없는 노력, 그
리고 목표를 향한 집념이 그를 위대하게
만들었다.

마이클 조던은 1963년 뉴욕 브루클린에서 노동자인 아버지와 은행 직원인 어머니 사이에서 다섯 명의 자녀 중 네 번째로 태어났다. 마이클은 여느 흑인 아이들처럼 평범한 어린 시절을 보냈다. 아버지 제임스 조던은 "마이클은 자녀 중에 가장 게으른 아이였다. 나는 그가 커서 시계 공장에서 견습공으로라도 일하지 않으면 아마 굶어 죽을 것이라고 생각했다."고 말했다.

부모는 마이클에게 다른 사람에 대한 배려, 참을성, 자부심, 집중력, 독립심을 심어 주기 위해 노력했다. 어머니는 마이클이 잘못하면 엉덩이도 때렸다. 그리고 자기 침실 정돈, 설거지, 집안 청소 등 집안일을 통해 부모와 자식 간의 사랑을 알게 하고 형제간에 우애와 경쟁심을 심어 주었다.

마이클은 초등학교 시절에는 야구 선수로 뛰어난 실력을 발휘해서 각종 대회에서 MVP상을 받기도 했다. 하지만 꾸준하지 못하고 산만하고 쉽게 포기하는 성격이었다. 그런 마이클이 바뀌게 된 것은, 고등학교 때 학교 대표 농구 팀 선발에서 탈락한 줄 모르고 부모가 그를 응원하기 위해 경기장까지 찾아온 것이 계기가 되었다. 그때 마이클은 선수들의 짐을 들어 주는 짐꾼 노릇을 하고 있었는데, 부모를 보고 쥐구멍이라도 찾고 싶을 정도로 부끄러움을 느꼈다. 이 사건으로 다시는 이런 비참한 일과 퇴짜 맞는 고통을 겪지 않겠다고 다짐하면서 자신을 단련하기 시작했다.

그때부터 조던은 연습장을 가장 먼저 찾아가 가장 늦게 떠나는 선수가 되었다. 그리고 마침내 고등학교 3학년 때는 놀라운 기량으로 팀이 우승하는 데 견인차 역할을 했다.

마이클은 시카고 불스 입단 때도 NBA 드래프트 1순위가 아닌 3순위로 입단했다. 모욕적이었지만 이에 좌절하지 않고 피나는 노력과 연습으로 자신을 만들어 갔다. 그리고 마침내 NBA 역사상 가장 위대한 선수가 되었으며, 1999년 ESPN에 의해 모든 스포츠 종목을 통틀어 20세기 가장 위대한 운동선수로 선정되었다.

사람들은 마이클 조던을 '천재'라고 부르지만 그는 자신이 천재가 아니라고 생각했다. 그는 계속 실패하는 상황에서도 좌절하지 않고 자신이 어떤 위치에 있는지 깨닫고 더욱 노력했다.

마이클 조던은 "나는 선수 생활 동안 9,000번 넘는 미스 샷을 범했다. 나는 거의 300여 게임에서 패배했으며 26번이나 결승골 찬스를 놓치고 말았다. 난 실패와 실패를 거듭했다. 그러했기 때문에 난 성공할 수 있었다. 난 실패를 받아들일 수 있다. 그러나 도전하지 않는 것은 받아들일 수 없다."고 말했다.

NBA에서 최고의 선수이며 성실한 경기 매너로 'NBA의 도덕 교과서'로 불리는 마이클 조던은 경기장을 이동할 때나 연습장으로 갈 때도 항상 정장을 하였다. 자신에게는 스스로 품격을 높이고 그를 농구 황제로 여기는 팬들에게는 깨끗한 이미지를 심어 주었다.

어떠한 장애와 어려움도 극복하겠다는 의지와 끊임없는 노력, 그리고 목표를 향한 집념이 그를 위대하게 만들었다. 마이클 조던은 "성공한 농구 선수가 되는 것이 첫 번째 목표였지만, 그보다 더 중요한 것은 성숙한 인간이 되는 것이라고 생각했습니다. 그래서 떳떳한 모습을 보이기 위해 나 자신을 경계하며 성취감에 빠져 자만하지 않기 위해 노력했습니다."라고 말했다.

이 책은 "나는 못해요.", "나는 재능이 없어요."라고 말하는 자존감이 낮은 아이나 꿈이 없는 아이에게 큰 도움이 될 것이다.

《악동 삼총사 희망을 쏘다》는 마음에 상처가 있는 아이가 친구들의 우정과 선생님의 보살핌 속에서 밝고 건강하게 자라는 이야기이다.

윤석이는 말썽꾸러기에 천방지축이지만 엄마가 없다는 남다른 아픔을 가지고 있다. 그래서 윤석이의 마음속에는 엄마를 향한 그리움과 서러움이 가득 차 있다. 윤석이는 단짝 친구인 병식이와 민규, 엄마를 닮아 더욱 마음이 가는 김미진 선생님을 통해 엄마 없는 빈자리를 채워 나간다. 특히 선생님은 윤석이의 가슴에 뭉친 서러움을 풀어 주고, 따뜻하게 감싸 주며, 용기를 북돋워 주고, 윤석이가 꿈과 희망을 잃지 않도록 곁에서 힘이 되어 준다.

어린 시절에 생긴 마음의 상처는 어른이 되어서도 아물지 않아 신체적으로, 정신적으로 많은 어려움을 겪는다. 밝고 씩씩하게 자라야 할 아

악동 삼총사 희망을 쏘다

고정욱 글 | 경하 그림 | 아이앤북 |
2010 | 중학년용

마음에 상처가 있는 아이가 친구들의 우
정과 선생님의 보살핌 속에서 밝고 건강
하게 자라는 이야기이다. 마음에 상처를
입었더라도 꿈을 이루기 위해 힘차게 발
걸음을 내디뎌 자신만의 희망을 마음껏
쏠 수 있다.

이들이 마음의 상처 때문에 희망을 잃어버리는 일은 없어야 한다. 어른들은 아픔이 있는 아이들을 더욱 관심 있게 지켜 줌으로써 어떤 어려운 환경에 처해 있거나 어떤 좌절을 겪더라도 아이가 자신의 꿈을 포기하지 않도록 도와주어야 한다. 친구들, 선생님 등 아이 주변에 있는 이웃 사람들의 관심과 사랑이 필요하다.

마음에 상처를 입은 아이도 지금의 아픔에 머물러 있지 말고 자신의 꿈을 이룰 수 있도록 힘차게 발걸음을 내디뎌 자신만의 희망을 마음껏 펼쳐야 한다.

글쓴이 고정욱은 어려서 소아마비를 앓은 작가이다. 하지만 장애인이 차별받지 않는 세상을 만들기 위해 장애인을 소재로 한 동화를 많이 발표했다.

《어린이를 위한 비전》은 어린이들이 자신의 미래를 어떻게 설계해야 하는지, 그리고 어떤 방법으로 꿈을 향해 나아가야 하는지 어린이들이 충분히 고민할 수 있도록 도와준다.

맑음이와 루다는 어릴 적부터 같은 동네에서 함께 자랐다. 친하게 지내는 두 엄마 덕분에 맑음이와 루다도 서로에게 좋은 의논 상대가 되어 준다. 그런 그들이 같이 글쓰기 교실에 다니면서 자신의 미래에 대해 생각해 볼 기회를 갖는다.

그들은 글쓰기를 통해 지금 자신이 가장 좋아하는 것이 음악이며, 미래에도 음악과 함께 하는 삶을 살고 싶다는 것을 깨닫는다. 맑음이는 기타를 배우며 기타리스트를 꿈꾸고, 루다는 어릴 적부터 배워 온 피아노를 통해 작곡가의 꿈을 키워 간다. 이런 생각이 서로 통해 둘은 함께 밴드를 결성하기에 이른다. 보컬에 단호, 드럼에 유니까지 합세해 밴드를 결성하지만, 이들이 밴드 활동을 해 나가는 데는 아직도 헤쳐 가야 할 많은 문제가 쌓여 있다.

아이들은 정말 하고 싶은 일을 찾고, 그 꿈을 이루어 나가는 맑음이와 루다의 좌충우돌 이야기를 통해, 어떻게 비전을 세우고 이루어 내는지 그 방법을 배울 수 있다.

첫째, 이 책은 어린이에게 비전의 중요성을 알려 준다. 막연히 비전이 중요하다고 가르치는 것이 아니라, 또래 친구를 등장시켜 하고 싶은 일을 찾아내고, 미래를 계획하고 준비하는 과정을 보여 주면서 자연스럽게 비전의 중요성을 알려 준다.

둘째, 목표를 찾고, 미래를 계획하는 모습을 보여 준다. 어린이들은 막연히 이것도 저것도 해 보고 싶다. 하지만 자신이 정말 하고 싶은 것이 무엇인지는 잘 모르고 있다. 막상 하고 싶은 것이 생겨도 어떤 식으로 준비하고 노력해야 할지 모른다. 이 책은 맑음이와 루다를 통해 어린이 스스로 꿈을 찾고, 목표를 만들어 내고, 목표를 세울 수 있도록 도와준다.

셋째, 비전 실천 원칙과 비전 계획표를 통해 실생활에 바로 적용할 수 있다. 단순한 이야기만으로는 '비전'을 제대로 세울 수 없다. '맑음이의

어린이를 위한 비전

임정진 지음 | 위즈덤하우스 |
2009 | 고학년용

정말 하고 싶은 일을 찾고, 그 꿈을 이루
어 나가는 맑음이와 루다의 좌충우돌 이
야기이다. 자신의 미래를 어떻게 설계해
야 하는지, 그리고 어떤 방법으로 꿈을
향해 나아가야 하는지 아이들이 충분히
고민할 수 있도록 도와준다.

비전 원칙'에서 알려 주는 방법들을 자신에게 적용해 보며 마음속 비전을 찾아갈 수 있다. 그리고 '나만의 비전 계획표 만들기' 매뉴얼을 통해 목표를 정하는 방법부터 바로 실천해 볼 수 있다. 이 책은 미래를 어떻게 준비해야 할지 모르는 어린이를 위해 나침반 역할을 할 것이다.

더 읽으면
좋은 책

어린 식물 박사
진 마졸로 글 | 켄 윌슨-맥스 그림 | 최순희 옮김 | 봄나무 | 2011 |
저학년용

노예로 태어나 존경받는 과학자가 된 조지 워싱턴 카버의 이야기이다. 그의 삶을 통해 '나는 어떤 사람이 되고 싶은가'에 대해 생각하게 한다. 자연을 향한 애정, 그리고 배움에의 의지와 열정으로 똘똘 뭉친 조그마한 흑인 아이의 모습이 책을 읽는 독자들의 마음을 때로는 뭉클하게, 때로는 환하게 밝혀 준다.
숱한 역경에도 자신의 의지와 끈기로 꿈을 이룬 그의 이야기는, 아이들에게 꿈을 가로막는 어떤 장애물 앞에서도 주저앉거나 포기하지 말고 계속 앞으로 나아가라는 도전 의식과 자신감을 심어 준다.

하나님을 믿은 노벨상 수상자들
김주현 글 | 윤교석 그림 | 겨자씨 | 2006 | 고학년용

하나님을 믿은 노벨상 수상자들의 이야기이다. 이 책에 소개하는 일곱 명의 수상자들에게는 공통점이 있다. 그들은 "하나님을 가슴에 모시고, 그분의 뜻대로 살자."라는 가치관을 지녔다. 그들은 하나님의 마음을 품고 이웃에게 사랑을 실천하며 일생을 보냈다.

자기 자신의 삶보다 다른 사람의 삶을 소중하게 여겼다. 그러다 보니 불가능한 일을 가능하게 만들었고, 세상에서 가장 영예롭다는 노벨상까지 받을 수 있었다. 하나님을 믿은 노벨상 수상자들의 삶을 통해 올바른 가치관을 마음에 품고 살아가는 것이 얼마나 중요한지 깨닫게 될 것이다. 또한 하나님의 영광을 위해 비전을 품고 사는 삶을 배울 수 있다.

거위의 꿈 폴 포츠
박현성 글 | 지훈 그림 | 리젬 | 2009 | 고학년용

휴대전화 판매원에서 세계적인 성악가로 성공한 폴 포츠의 이야기이다. 폴 포츠는 2007년 36세에 영국의 〈브리튼스 갓 탤런트〉라는 프로그램을 통해 결승전에서 우승을 차지하면서 유명해졌다. 예선 때까지만 해도 키 작고 뚱뚱하고 못생겨서 아무도 관심을 가지지 않았으나 본 경연에서 그의 노래가 시작되자 심사위원들은 아름다운 노래에 모두 빠져들었다.

아이들에게 폴 포츠가 중요한 이유는, 그가 여러 가지 약점이 있었지만 단 한 번도 포기하지 않고 자신의 꿈을 키워 나갔다는 것이다.

꿈꾸라 : 김연아, 박지성, 강수진, 조오련, 엄홍길
MBC 희망특강 파랑새 글 ┃ 김성희 그림 ┃ 리젬 ┃ 2010 ┃ 중학년용

〈MBC 희망특강 파랑새 도전 편〉을 어린이의 눈높이에 맞춘 책이다. 성공한 사람들이 도전하는 모습을 보여 주며, 결과보다는 그 과정을 정밀하게 분석해서 어린이들에게 좌절도 달콤할 수 있다는 희망을 선물한다. 절대 포기하지 않고 긍정적으로 생각하며 꿈에 도전한 김연아, 어릴 때부터 자신이 하고 싶은 것이 무엇인지 고민했던 박지성, 지독한 연습벌레 강수진, 역동적인 삶을 산 조오련, 불굴의 의지로 끊임없이 도전한 엄홍길의 모습을 통해 '도전을 통해 꿈을 이룰 수 있다.'는 희망 메시지를 들려준다.

앞서 걸어간 선배들의 땀방울을 하나씩 따라가면서 아이들은 어느새 꿈을 꾸고 있는 자신의 모습을 발견하게 될 것이다.

아이의 마음에 꿈을 심어 주어라

"너는 커서 무엇이 되고 싶니?" 하고 아이들에게 질문을 하면, 바로 자기의 꿈을 분명하게 대답하는 아이도 있고 머뭇거리는 아이도 있다. 때로는 그 꿈의 내용이 계속 바뀌는 아이도 있다.

오래전에 교회에서 여름 성경학교를 진행할 때의 일이다. 간호사인 목사님 딸이 동화 구연 순서를 맡았다. 간호사 유니폼을 입고 재미있게 동화를 들려주었고 아이들은 이야기 속으로 빠져들었다. 그 다음 시간은 각자의 꿈을 그림이나 글로 표현하는 프로그램이었다. 그런데 여학생 중 절반 이상이 장래 희망이 간호사라고 썼다. 간호사 유니폼과 유창한 동화 구연이 아이들에게 끼친 영향이었다.

아이들이 어떤 꿈을 품거나 구체적인 비전을 갖게 되는 계기는 다양하다. 《7막 7장》의 저자 홍정욱은 초등학교 시절 케네디 대통령의 전기를 읽고 유학을 결심했다. 그는 케네디가 공부한 고등학교에 어렵게 입학하여 학생회장이 되었고, 후에 하버드 대학교에 입학했다. 인물 전기가 한 소년의 마음에 큰 꿈을 심어 주었던 것이다.

우리 가정의 경우, 딸아이는 중학교 때 뮤지컬을 관람하였는데 그 경험이 감수성 많은 소녀의 가슴에 강한 인상을 남겼다. 그래서 고등학교 때는 학교 합창반 활동을 하였고, 기회가 있을 때마다 뮤지컬 공연을 관람하며 꿈을 키웠다.

예체능 분야에서 탁월하게 두각을 나타내는 것이 결코 쉽지 않은 일이기에 우리 가정에서 딸아이의 꿈을 인정해 주기까지 순탄하지만은 않았다. 그러나 딸아이는 대학에서 성악을 전공하였고, 졸업 후에 오디션을 통해 뮤지컬계에 입문하였다. 지금은 한 극단의 단원으로 활동하고 있는데 본인이 선택한 길을 기쁜 마음으로 걸어가고 있다.

이런 과정에서 딸아이에게는 책이 큰 역할을 했다. 책에 관심을 가지는 시기는 아이마다 다르다. 어떤 아이는 초등학교 저학년 때부터 책의 세계에 푹 빠진다. 나는 딸아이의 책상 위에 조용히 다양한 책을 올려놓곤 했다. 그중에는 롤 모델이 될 만한 인물 전기도 있었다. 그런데 언젠가부터는 내 책장의 책들이 딸아이 방으로 옮겨져 있었다. 지금도 딸아이의 책꽂이에는 신앙서적뿐 아니라 인문 고전과 실용서 그리고 음악이나 뮤지컬 관련 서적이 꽂혀 있다.

삶에는 일종의 '끌림'이 있다. 부모는 자녀가 어떤 재능이 있는지, 무엇에 관심을 나타내는지, 그리고 무엇을 잘 하는지를 관찰할 필요가 있다. 아이들이 어렸을 때 그 재능을 발견하기 위해 아내는 아이들에게 미술과 수영을 포함하여 다양한 배움의 기회를 주었다. 비전(vision)을 달성하는 것은 바람(desire)과 노력한 시간(time)에 비례한다. 꿈만 있고 노력하지 않으면 그것은 백일몽일 뿐이다. 비전이 있는 사람은 자신의 능력을 파악하고, 이를 간절히 원하며, 이를 위해 노력하는 사람이다.

성공적인 삶에 필요한 두 가지 조건은 비전과 열정이다. 부모는 아이들이 꿈을 품고 무언가 할 수 있도록 계속 격려해 주어야 한다. 비전을 품고 도전하는 용기 속에 아이의 천재성과 능력과 기적이 모두 숨어 있기 때문이다.

주제별 독서

07

사랑을
나누는 아이로
키우는 책

"인간의 삶은
오직 사랑의 법칙 아래에서 살 때만
참된 행복과 보람과 열매가 있다."

한경직(목사)

성경적 사랑의 의미

어느 날 한 율법학자가 예수님께 나아와 물었다.

"선생님이여, 율법 중에 어느 계명이 크나이까?"

예수님의 대답은 분명하고 확실했다.

"네 마음을 다하고 목숨을 다하고 뜻을 다하여 주 너의 하나님을 사랑하라 하셨으니 이것이 크고 첫째 되는 계명이요 둘째도 그와 같으니 네 이웃을 네 자신 같이 사랑하라 하셨으니 이 두 계명이 온 율법과 선지자의 강령이니라"(마 22:37-40)

예수님의 대답을 한마디로 요약하면 '사랑이 가장 큰 계명'이라는 말씀이다. 그러므로 사랑의 명령은 주님의 가장 위대한 명령이다. 우리는 전도와 선교의 사명을 자주 강조하지만 사랑의 명령을 잊기 쉽다.

사도 바울도 '사랑장'이라고 불리는 〈고린도전서〉 13장에서 "그런즉 믿음, 소망, 사랑, 이 세 가지는 항상 있을 것인데 그 중의 제일은 사랑이라"(고전 13:13)고 말하고 있다. 또한 성령의 열매의 첫 번째 열매도 사랑이다(갈 5:22).

영국 출신의 위대한 선교사 데이비드 리빙스턴(David Livingstone)이 죽은 지 3년 후에 설교자 헨리 드럼몬드(Henry Drummond)는 원주민을 만났다. 그는 원주민에게 리빙스턴의 평소 인상을 물었다.

"그는 어떤 사람이었습니까?"

"그는 우리를 사랑했습니다."

리빙스턴은 그의 믿음과 경건을 이웃사랑으로 표현하였다.

사도 바울은 '사랑이 부드럽고 달콤하고 짜릿하다.'라고 말하지 않는다. 그는 '우리가 천사의 말을 할지라도 사랑이 없으면 아무것도 아니다.'라고 말한다. 바울이 말하는 아가페의 사랑은 행동이다. 이 사랑은 구체적이고 실천적이고 의지적인 행동이다.

사랑을 소유한 영혼은 하나님의 형상을 가장 닮은 영혼이다. 그리고 사랑은 하나님이 우리 안에 주신 가장 큰 힘이다. 따라서 우리는 아이들에게 하나님의 사랑을 전해야 하고, 그들이 그 사랑으로 살아가도록 가르쳐야 한다.

사랑을 나누는 아이로 키우는 방법

'사랑에는 두 가지 핵심 임무가 있다.'는 말이 있다. 하나는 주는 것이고, 또 하나는 용서하는 것이다.

아이들은 어디에서 사랑을 배우는가? 아이들은 말을 배우듯이 사랑을 배운다. '사랑한다.'는 말을 통해서만 배우는 것이 아니라 부모의 따뜻한 품으로 전해지는 체온과 보디랭귀지(body language)를 통해서도 보고 느끼고 배우게 된다.

부모가 자녀에게 줄 수 있는 가장 큰 선물은 무엇일까? 그것은 다른 무엇이 아니라 아빠 엄마가 사랑하며 사는 모습을 보여 주는 것이다. 사랑이 충만한 가정 분위기에서 성장한 아이는 자연스럽게 사랑을 베푸는 아이가 될 수 있다. 용서를 받아 본 아이가 남을 용서하는 법을 아는 것처럼 사랑도 사랑을 받아 본 아이가 다른 친구들을 사랑할 수 있다.

오늘날 한부모 가정이 많아졌고, 형제 없이 자라는 아이들도 전보다 많아졌다. 가정 공동체 안에서 자연스럽게 사랑을 나누고 배울 수 있는 기회가 그만큼 줄어든 것이다. 그러므로 이제는 여러 가정이 함께 아이들을 돌보는 문화가 필요하다. "한 아이를 키우기 위해서는 한 마을이 필요하다."는 아프리카 속담이 있다. 이 속담이 말해 주듯이 자녀 양육은 엄마 혼자의 일이 아니다. 특히 아이의 품성을 살피고 신앙 교육을 하는 일은 부부가 협력해야 하고, 교회 공동체 안에서 여러 가정이 힘을 모아야 한다.

아이들은 단계별로 사랑을 배운다. 신체적·정서적 성숙의 수준에 따라 아이가 보여 줄 수 있는 사랑의 표현이 다양하다. 그 사랑은 관계 속에서 표현되는 것이므로 모든 관계가 사랑의 통로가 된다. 따라서 형제자매 간의 사랑, 부모에 대한 사랑, 친구에 대한 사랑 등 수많은 관계가 사랑을 배우고 실천하는 장(場)이 된다.

아이들이 사랑을 느끼고 배우는 과정에서 책의 도움을 받을 수 있다는 점은 중요하다. 엄마 무릎에 앉아 엄마가 읽어 주는 그림책을 함께 보는 것 자체가 사랑을 배우는 시간이다. 리듬감 있게 그림책을 읽어 주고 이야기를 주고받으면서 정서적으로 안정감을 느낄 때 아이는 무한한 행복감을 느낀다. 이러한 정서적 만족감은 사랑이 뿌리내릴 수 있는 좋은 밭이 된다.

사랑을 가르쳐 주는 책

《내가 형이랑 닮았다고?》는 형제간에 일어날 수 있는 갈등을 동생의 입장에서 유쾌하게 다룬 책이다. 가족 구성원으로서 동생에게, 또래라는 사회적 관계에 막 눈을 뜬 유아에게, 가족과 유치원에서 혹은 놀이터에서 형이나 언니가, 때로는 동생이 되기도 하는 유아가 타인의 입장을 헤아려 볼 수 있다.

형제 관계는 어린아이가 세상에 태어나서 맺는 최초의 사회적 관계 가운데 하나로 부모의 애정을 놓고 벌이는 경쟁 관계라고 할 수 있다. 우선 큰아이는 혼자 독차지하던 부모를 동생에게 빼앗기는 처지가 되므로 크나큰 상실감과 동생에 대한 시기와 미움, 경쟁심을 갖게 된다. 한편 동

내가 형이랑 닮았다고?

정진이 글 | 소윤경 그림 | 사계절 |
2005 | 유아용

형제간에 일어날 수 있는 갈등을 동생의
입장에서 유쾌하게 다루었다. 가족 구성
원으로서 동생에게, 또래라는 사회적 관
계에 막 눈을 뜬 유아에게, 가족과 유치
원에서 혹은 놀이터에서 형이나 언니가,
때로는 동생이 되기도 하는 유아가 타인
의 입장을 헤아려 볼 수 있다.

생의 경우에는 출발부터 신체적·인지적 열세에 있으며 그로 인한 욕구 불만과 열등감을 갖게 된다. 그렇다고 해서 형제 관계가 경쟁적·적대적 특성만 갖는 것은 아니다. 가족이라는 단단한 '끈'이 형제로 하여금 서로 누구보다 든든한 지지자가 되고 사랑을 쏟는 대상이 되게 한다. 결국 형제 관계는 정도의 차이는 있겠지만 사랑과 미움이 공존하는 관계라고 말할 수 있다.

이 그림책의 주인공 한이는 자기가 형이랑 꼭 닮았다는 사람들의 말이 틀렸다고 주장한다. 형이 자기보다 장난감도 많고, 새 자전거도 가졌고, 혼자 머리도 감을 수 있기 때문이다. 실제로 한이와 같은 처지에 있는 동생이라면 이 첫 대목부터 주인공에게 깊이 공감하면서 자신의 감정을 이입하게 될 것이다. 그러면 한이는 그런 마음의 응어리를 어떻게 풀어낼까? 바로 '상상'이라는 도구를 통해서이다. 한이의 상상을 도와주는 대상은 첫 장면에 등장하는 동물 인형이다.

흔히 형제간에 일어나는 갈등을 다루는 동화들은 형의 입장에서 바라보는 것이 많은데 이 책은 동생의 입장에서 다루고 해결 방법을 찾는 점이 색다르다.

《무지개 물고기》는 참된 사랑과 우정을 가르쳐 주는 아름다운 책이다. 무지개 물고기는 반짝반짝 빛나는 은빛 비늘을 가진 아름다운 물고기이다. 주위에 사는 다른 물고기들이 무지개 물고기의 몸에 달린 은빛 비늘을 갖고 싶어서 나눠 줄 것을 애원했지만 무지개 물고기는 그때마다 화를 내고 무시했다. 그러다 보니 무지개 물고기 주위에는 친구가 사라지고 말았다.

교만에 빠져 친구들에게 따돌림을 받던 무지개 물고기는 마침내 자신의 잘못을 깨닫고 애지중지하던 무지갯빛 비늘을 하나씩 떼어 주위의 물고기들에게 나눠 주고, 함께 행복하게 지내게 되었다.

이 그림책에는 소란스럽게 어린이의 마음을 잡아끄는 유머나 기교는 없다. 작가는 꼭 필요한 말만 하고, 필요한 그림만 보여 준다. 처음으로 제 친구에게 무지갯빛 비늘 하나를 떼어 나눠 주고 난 뒤에 찾아드는 겸 연쩍음 또는 기쁨을, 작가는 "기분이 좀 묘해졌어."라고 짤막하게 표현한다. 그런데 여운은 크게 남는다.

이 그림책은 자기보다 못난 이웃을 깔보고 좋은 것을 혼자만 독차지하면 자기도 괴롭게 된다는 것을 가르쳐 준다. 또한 남을 행복하게 하면 나도 행복해진다는 평범한 진리를 감동적으로 보여 준다.

《넌 아름다운 친구야》는 한센병을 앓은 적이 있는 부모를 둔 '미감아' 문제를 다룬 장편 동화이다. 초등학교 5학년인 미우는 자신의 할아버지와 아버지가 한센병 환자였다는 것을 전혀 모르고 있었다. 할아버지의 상처는 큰불이 났을 때 생긴 것이라고 알고 있을 뿐이었다. 그러나 같은 반 친구 형준이를 통해 자신의 가족이 한때 한센병 환자였다는 것을 알

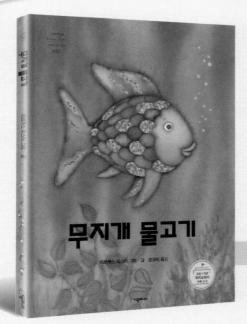

무지개 물고기

마르쿠스 피스터 글 · 그림 I 공경희 옮김 I
시공주니어 I 1994 I 유아용

참된 사랑과 우정을 가르쳐 주는 아름다
운 책이다. 자기보다 못난 이웃을 깔보
고 좋은 것을 혼자만 독차지하면 자기도
괴롭게 된다는 것을 가르쳐 주고, 남을
행복하게 하면 나도 행복해진다는 평범
한 진리를 감동적으로 보여 준다.

넌 아름다운 친구야

원유순 글 | 김상섭 그림 | 푸른책들 |
2008 | 고학년용

한센병을 앓은 적이 있는 부모를 둔 '미
감아' 문제를 다룬 장편 동화이다. 보통
의 사람들과 좀 다르다는 이유로 냉대와
차별을 당하는 사람들을 따뜻하게 바라
보고, 장애아와 소외된 사람들의 아픔을
다독여 준다.

게 되고, 반 아이들은 미우를 은근히 멀리한다. 늘 혼자 외롭던 미우에게 전학 온 정민이가 다가가고 둘은 금방 친구가 된다.

　이 동화는 서로의 마음을 알아주며 아픔을 감싸 주는 미우와 정민의 아름다운 우정 이야기를 담고 있다. 주인공인 미우를 통해 보통의 사람들과 좀 다르다는 이유로 냉대와 차별을 당하는 사람들을 따뜻하게 바라본다. 사회의 그릇된 인식으로 인해 미우네 가족과 같은 사람들이 얼마나 고통 받는지 이야기하고, 미우를 통해 장애아와 소외된 사람들의 아픔을 다독여 준다.

더 읽으면
좋은 책

내 짝꿍 에이미
스티븐 마이클 킹 지음 | 정태선 옮김 | 국민서관 | 2002 | 유아용

뻐뚤삐뚤 헨리와 반듯반듯 에이미가 우정을 통해 서로의 단점을 고쳐 가는 이야기이다. 무엇이든 반듯하게 해내고 싶지만 엉망이 되어 버리곤 하는 헨리는 남들이 보지 못하는 것을 볼 줄 아는 아이이다. 똑똑하고 야무진 에이미는 무엇이든 꼼꼼하고 바르게 해낼 줄은 알지만 그런 자신이 갑갑하기만 하다. 어느 날 너무도 다른 두 아이가 우연히 만나 친구가 되었다. 에이미는 헨리에게 남들처럼 세상을 바라보고, 바르게 행동하는 법을 가르쳐 준다. 그리고 헨리는 에이미에게 거꾸로 물구나무 서서 세상을 바라보기도 하고, 뒤로 걷기도 하며, 보다 자유롭게 행동할 수 있도록 도와준다. 이 동화는 "친구란 무엇일까?" 라는 질문을 아이들에게 던진다.

너를 빨리 만나고 싶었어

안네 파르두, 크리스티앙 메르베일레 글 | 조세 고핀 그림 | 정영수 옮김 | 책속물고기 | 2011 | 저학년용

예정일보다 일찍 태어난 이른둥이의 아름다운 성장을 담은 그림책이다. 이른둥이는 아주 작은 폐 때문에 숨을 천천히 쉬어야 한다. 우유는 한 방울로도 배가 부르지만 엄마 아빠의 사랑과 보살핌은 아주 많이 필요하다.

이 책은 이른둥이의 특별한 일상을 통해 이른둥이가 필요로 하는 것과 주의할 점을 알려 준다. 뿐만 아니라 동생의 이른 출생과 그 후에 일어나는 일들에 대해 이해하지 못하는 형제에게 전하는 엄마의 따뜻한 말도 함께 담고 있다. 이 책은 이른둥이의 성장을 통해 생명이 참 놀랍고 신기한 것임을 가르쳐 준다.

네가 어디에 있든 너와 함께할 거야

낸시 틸먼 지음 | 신현림 옮김 | 내인생의책 | 2011 | 유아용

조건 없는 무한한 사랑을 이야기하는 동화책이다. 아이가 공부를 잘하든 못하든, 잘생겼든 못생겼든 아이의 존재 그 자체만으로도 한없는 사랑을 베푸는 부모의 모습을 잘 표현하고 있다. 조건이 없는 사랑은 크고 넓다.

이 책에서는 아무리 높은 산에 올라가 있어도, 아무리 깊은 바다로 뛰어들어도 사랑하는 마음은 언제나 옆에 있으며, 시험을 못 봐도, 잘못을 해도 언제나 곁에 있어 주는 것. 그리고 공부를 할 때도, 친구와 놀 때도, 기쁠 때도 슬플 때도 함께하는 것. 그게 바로 사랑이라고 말해 준다.

아빠와 아들

고대영 글 | 한상언 그림 | 길벗어린이 | 2007 | 유아용

아빠와 함께하는 일상을 아이의 시선을 통해 유쾌하게 그려 낸 그림책이다. 아들의 눈에 아빠는 마음대로 먹고, 자고 싶을 때 잘 수 있는 존재이다. 그래서 아들은 어서 커서 아빠가 되고 싶다. 통제와 제재를 받지 않는 아빠의 자유가 부럽기 때문이다. 그런 아들에게 아빠는 더없이 든든하다. 텔레비전을 보면서 이를 닦는 아빠 곁에 섰다가 엄마에게 혼이 날 때에도 아빠가 옆에 있으니 괜찮다. 아빠가 끓여 주는 밤참 라면을 먹을 때는 둘도 없이 다정한 친구 같다가도, 수학 숙제를 빨리 끝내려고 정답을 베끼자 한눈에 척 알아보는 아빠가 아들은 마냥 신기하기만 하다.

이 그림책은 가족들끼리 거리감 없이 서로 대화하고 한데 어울리면서 일상을 나누는 것이 얼마나 든든하고 소중한 경험인지 알려 준다. 수채 물감과 연필을 이용한 자유로운 그림은 아들의 감정을 보다 재미있게 전달하는 역할을 한다.

딴 애랑 놀지 뭐

안선모 글 | 백명화 그림 | 리젬 | 2007 | 저학년용

걸핏하면 "딴 애랑 놀지 뭐."라고 말하는 상우를 통해, 친구를 사귀는 데 서툰 아이의 모습을 섬세하게 보여 준다. 관찰자 시점으로 상우와 친구들의 관계를 객관적인 거리를 두고 바라보며, 상우가 순대를 만나 다른 친구들에게 마음을 열기까지의 과정 을 담담하게 그려 냈다.

이 책은 학교라는 작은 사회에 던져진 아이들에게 '우리'의 소중함과 여럿이 함께 어울릴 수 있는 방법을 이야기한다.

나눔대장

고정욱 글 | 원유미 그림 | 북스토리아이 | 2011 | 중학년용

'진정한 나눔'을 주제로 한 동화이다. 초등학교 3학년인 연우는 우연히 친구 석진이를 통해 한터지역아동센터에 대해서 알게 된다. 연우는 집에 책이 한 권도 없다는 석진이의 이야기에 충격을 받고, 그 이야기를 학교 글짓기 대회에서 써서 상을 받게 된다.

학교에서는 아동센터에 책과 후원금을 기부하기로 하고 행사를 진행하지만, 그것을 지켜보는 석진이의 마음은 편하지 않다. 연우는 뒤늦게 석진이의 마음을 이해하고 진정한 나눔에 대해 고민을 하게 된다. 이 책을 통해 아이들은 나눔의 진정한 의미를 배울 수 있다.

꽃보다 예뻐

장세련 글 | 권초희 그림 | 강같은평화 | 2011 | 중학년용

삶을 토대로 성경 속의 '사랑'에 대하여 이야기한 성장 동화이다. 부모님이 여행을 가게 되자 승진이와 유진이는 며칠간 시골에서 올라오신 할머니 할아버지와 함께 지내게 된다. 유진이는 할아버지가 아끼는 난초의 꽃을 피워 주겠다고 하다가 꽃대를 자르고 만다. 그 때문에 할머니에게 혼이 난 승진이와 유진이는 할머니에게 대들고 가출을 한다.

어른에게 대드는 아이들의 심리, 갈등과 서로 화해하는 과정을 통해 가족 간의 진정한 사랑을 깨우치며 따뜻한 감동을 느낄 수 있다.

넉넉한 마음을 가진 아이가
사랑의 길을 간다

사람은 관계 속에서 성장한다. 유아기에는 부모의 사랑과 보호를 받으며 자라지만 유치원에 가고 초등학교에 입학하면서 아이들은 '작은 사회'에 적응하는 법을 배워 나간다. 아이들의 사회성은 이렇게 자란다. 아이가 초등학교에 입학하여 처음 교실에 앉아 있는 모습을 지켜보면 부모 입장에서는 여러 가지 걱정스러운 생각이 든다. 마치 큰 파도 앞에 아이를 세워 둔 심정이라고나 할까.

온실 같은 가정에서 키우다가 아이들을 세상 가운데로 내보내는 부모의 마음은 다 비슷하다. 내 아이가 모든 면에서 뒤처지지 않기를, 또한 아이가 친구들과 잘 어울리며 생활하기를 바랄 것이다. 그런데 아이들의 세계에서도 좋은 관계를 유지하며 지내는 것은 말처럼 쉽지 않다. 더구나 적극적으로 친절하게 행동하고 사랑을 표현하는 것은 쉽지 않은 일이다.

그러나 아이들은 그 나이 수준에서 사랑을 이해하고 행동으로 옮길 수 있다. 한 학교에 항암 치료를 받느라고 머리카락이 많이 빠진 아이가 있었다. 그 소식을 들은 친구들은 투병 중인 친구의 어려움에 동참하는 마음으로 함께 머리를 잘랐다. 물론 아이들이 다 천사 같은 마음을 가지고 있다고 생각하는 것은 환상이다. 그러나 아이들은 그들 나름대로 선한 생각을 하고 아름다운 일을 계획할 수 있다. 때로는 저금통을 깨뜨려서 어려운 이웃을 도와주는 사랑을 실천하기도 한다.

책 읽기와 사랑의 실천을 연결시킨 육아의 예로 조만제 경희대 명예교수가 실천한 방법을 소개하겠다. 우리나라에는 '책거리'라는 풍습이 있었다. 본래 이 말은 아이가 책 한 권을 다 읽거나 베껴 쓰는 일이 끝났을 때 선생과 친구들에게 한턱내는 일을 가리킨다. 조만제 교수는 '책거리'를 응용하여 책 읽기를 사랑의 실천과 연결시켰다. 그는 4남매를 키우면서 매일 아이들이 규칙적으로 책을 읽게 했다. 방학 중에는 매일 50쪽 이상을 읽게 했다고 한다. 자녀가 한 권의 책을 다 읽으면 현금으로 상을 주었고, 그 돈은 잘 모아 두었다가 선한 일에 사용하도록 지도하였다. 예를 들면, 친구나 이웃을 돕는 일에 사용하도록 가르쳤다. 책 읽기라는 한 가지 일로 두 가지 이익을 얻었으니 이것이야말로 일거양득(一擧兩得)의 독서라고 할 수 있다.

아이들은 책 읽기를 통해서 마음이 자란다. 마음이 자란다는 것은 나와 다른 생각을 이해하고 포용하는 마음을 갖게 되는 것이다. 부모는 아이가 작은 일에서부터 다른 사람을 이해하고 아끼는 마음을 갖도록 지도해야 한다. 처음부터 큰 사랑의 실천을 할 수 있는 사람은 없다. 좋은 책을 통해 넉넉한 마음을 갖게 된 아이만이 사랑의 길을 어렵지 않게 걸어갈 수 있다.

08

용기 있는 아이로 키우는 책

"책 속에서 나는 다른 세계뿐만 아니라
나 자신 속으로 여행했다.
나는 내가 누군지, 내가 무엇을 원하는지,
내가 갈망할 수 있는 것이 무엇인지,
이 세상과 나 자신에 관해
감히 무엇을 꿈꿀 수 있는지 알게 되었다."

에너 퀸들런(미국의 작가)

용기란 무엇인가?

용기(勇氣)란 무엇인가? 국어사전에는 용기를 "씩씩하고 굳센 기운 또는 사물을 겁내지 아니하는 기개"라고 풀이하고 있다. 예로부터 용기는 남자들과 군인들에게 요구되는 중요한 덕목이었다. 철학자 플라톤(Platon)은 용기란 '정의를 지켜 나가는 힘'이라고 했다. 그에 따르면 머리는 지혜를 상징하고 가슴은 용기를 가리키며 팔다리는 절제에 해당한다. 공자는 "옳은 일을 보고도 하지 않는 것은 용기가 없기 때문"이라고 말했다.

용기는 성경에서도 발견되는 덕목이다. 예를 들면, 다윗은 "수금을 탈줄 알고 용기와 무용과 구변이 있는 준수한 자"(삼상 16:18)로 소개되고 있다. 예수님은 제자들에게 "세상에서는 너희가 환난을 당하나 담대하라 내가 세상을 이기었노라"라고 말씀하셨는데, 여기서 '담대하라'는 격려의 말씀은 '용기를 내라(Be courageous)'는 의미이다.

교회사를 살펴볼 때도 용기는 매우 두드러진 품성이다. 초대 교회 순교자들에 대한 기록을 생생하게 담은 존 폭스(John Foxe)의 《기독교 순교사화》를 보면, 진정한 기독교인들은 그들의 믿음을 용기 있게 증거하였다. 그들은 죽음의 위협 앞에서도 두려워하지 않고 신앙적 용기를 보여 주었다.

그러면 용기의 품성이 계발되면 어떤 변화를 기대할 수 있는가? 용기의 품성을 가진 사람은 옳은 일을 할 때 따라오는 일시적 불편함과 희생을 기꺼이 받아들인다. 또한 옳다고 생각하는 일을 용기 있게 행동으로 옮길 수 있다.

용기는 지도자에게 요구되는 자질이다. 왜냐하면 지도자는 용기 있는 결정을 해야 할 때가 있기 때문이다. 비전이 있어도 용기가 없다면 그 비전은 물거품 같은 꿈으로 끝날 수 있다.

용기의 적은 무엇일까? 그것은 망설임, 의심, 소심함, 두려움, 그리고 중도 포기이다. 용기 있는 사람은 위기 상황에 정면으로 도전하며, 머뭇거리지 않고 바로 행동으로 옮긴다. 그는 확신을 가지고 끝까지 최선을 다한다.

따라서 21세기의 리더가 될 우리 아이들의 마음 가운데 용기의 품성을 계발하는 일은 매우 소중한 과제이다. 아이들은 용기 있는 선택과 행동을 실천한 인물들을 통해서 이 성품을 배울 수 있다.

용기를 갖도록 지도하는 방법

새로운 환경이나 낯선 사람을 두려워하는 어린이가 있다. 힘든 일이나 어려운 일 앞에서 도피하려는 어린이도 있다. 자신이 있어야 용감할 수 있다.

왜 용기가 없을까? 무서운 부모 밑에서 꾸중을 많이 듣고 억압을 많이 받고 자라면 어린이는 위축되고 소심해진다. 또한 어릴 때 실패와 좌절을 많이 하면 실패하는 것을 당연하게 생각하고 자신을 열등한 사람으로 취급해 버려서 용기를 잃게 된다.

용기를 갖기 위해서는 자신감을 가져야 한다. 이를 위해서 어린이는 어려운 일을 하나씩 해서 성공하는 기쁨을 맛보고 모험에 도전해 보는 경험을 해야 한다. 인간에게는 거의 무한한 가능성이 잠재되어 있기 때문에 노력하고 용기를 가지고 모험을 할수록 그 능력이 계발되는 것을 체험을 통해 배울 수 있다.

어린이는 또래 집단에서 정의가 무엇이고 이를 지키기 위해서는 얼마나 용기가 필요한지를 배워야 한다. 그리고 다른 친구들과 함께 어려운 문제를 해결해 가면서 용기와 기쁨을 맛보아야 한다. 어린이는 단체 생활을 통해서 용기를 배울 수 있다. 또한 아이들은 용기 있게 산 사람들의 전기를 읽고 그들을 본받아 용기를 배울 수 있다.

부모와 교사는 아이들이 자기 생각을 말과 행동으로 표현할 줄 아는 용기를 길러 주어야 한다. 그래야 아이가 자라서 어른이 되어서도 불의에 항거하고 정의를 위해서 노력할 수 있다. 무엇보다도 원대한 꿈과 믿음과 위대한 사상을 심어 주어야 용감하게 살아갈 수 있다.

용기를 가르쳐 주는 책

《**부끄럼쟁이 바이올렛**》은 부끄러움을 많이 타는 한 아이가 주위의 격려와 도움으로 자신의 존재를 당당히 드러내는 과정을 설득력 있게 보여 준다.

바이올렛은 세상에서 가장 수줍음 많은 아이였다. 바이올렛은 어릴 적부터 다른 사람들이 자기를 쳐다보는 게 싫었다. 남들이 쳐다보면 얼굴부터 빨개졌고, 온 몸을 긁어 대며 머리카락을 배배 꼬았다.

심술쟁이 어윈은 이런 바이올렛에게 없는 단점까지 들먹이며 놀려 댔지만 바이올렛은 대꾸 한마디 해 줄 수가 없었다. 언젠가는 어윈의 코를 납작하게 만들어 주어야지 하는 생각도 그저 상상일 뿐이었다. 그러던 어느 날 바이올렛에게 놀라운 일이 일어났다. 그날 이후 부끄럼쟁이 바이올렛은 씩씩하고 용감한 아이로 변했다. 대체 바이올렛에게 무슨 일이 있었던 것일까?

바이올렛에겐 남들이 모르는 장점이 있었다. 주의 깊은 관찰력으로 사람들과 작은 사물들의 특징을 속속들이 알았고 그것들의 흉내를 잘 낼 수 있었다. 이런 바이올렛을 이해해 주고 치켜세워 주는 사람은 단짝 오팔이었다. 바이올렛은 오팔과 선생님의 격려로 연극 무대에 서게 되었다. 어윈의 실수로 엉망이 될 뻔한 연극은 바이올렛의 기지로 위기를 모면하고 박수갈채를 받았다.

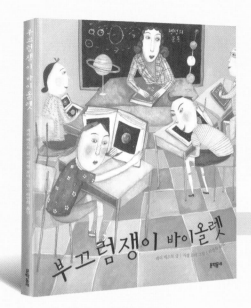

부끄럼쟁이 바이올렛

캐리 베스트 글 | 지젤 포터 그림 | 하연희 옮김 |
문학동네어린이 | 2004 | 중학년용

수줍음 많은 한 아이가 주위의 격려와
도움으로 자신의 존재를 당당히 드러내
는 과정을 담았다. 아이의 역량을 잘 이
끌어 낸 선생님과 너그러운 친구들의 격
려로 자신감 있는 아이로 우뚝 선 주인
공의 모습이 행복해 보인다.

부끄러움이 많은 바이올렛에게 알맞은 역할을 맡기고, 역량을 최대한 이끌어 낸 선생님, 그리고 바이올렛의 장점을 끊임없이 칭찬해 준 친구 오팔, 심리적으로 자꾸 위축되는 바이올렛을 감싸 준 너그러운 친구들의 격려로 바이올렛은 자신감 있는 아이로 우뚝 서게 되었다.

《어린이를 위한 용기》는 《용기》의 어린이판이다. 용기는 '적극적으로 표현하고 행동하는 힘'이다. 이 책에는 용기가 필요한 상황을 그린 7편의 작품이 실려 있다. 이 작품들을 통해 진정한 용기란 무엇인지를 알게 되고, 용기란 바로 '자신감을 키워 주는 힘'임을 깨닫게 된다.

〈세상에서 가장 무거운 운동화〉는 새벽에 신문 배달을 하는 성호의 이야기이다. 일요일은 성호가 신문 배달을 하지 않아도 되는 날이다. 늦잠을 자고 일어난 성호는 상가가 많은 지하철 쪽으로 갔다가 스포츠 용품점 진열장에서 새로 나온 운동화들을 본다.

'와 멋있다. 엄청 비싸겠지? 딱 한 번만 신어 보면 소원이 없겠네.'

스포츠 용품점 문을 열고 들어간 성호는 구경하는 척하면서 밖에서 봐 두었던 진열장의 운동화를 슬쩍 집어 들어 점퍼 안에 넣고 나온다. 성호는 뛰고 또 뛰어 동네 뒷산으로 올라가 헌 운동화를 던져 버리고 새 운동화를 신는다.

아이들은 자기가 가지지 못한 것에 대해 아쉬워한다. 그 아쉬움은 욕심을 낳고, 욕심을 채우기 위해 해서는 안 되는 행동을 하기도 한다. 욕

어린이를 위한 용기

노경실 글 | 허라미 그림 |
위즈덤하우스 | 2008 | 중학년용

용기가 필요한 상황을 그린 7편의 작품
이 실려 있다. 이 작품들을 통해 진정한
용기란 무엇인지를 알게 된다. 또 선택
의 갈림길에서 용기 있는 행동과 비겁한
행동 중 어느 것을 선택하느냐에 따라
미래가 달라질 수 있음을 깨닫게 된다.

심을 버릴 줄 아는 용기는 아이들의 미래를 행복하게 만들어 준다.

작가는 각 작품의 결말을 짓지 않고 '열린 결말'의 형식을 취하여 아이들 스스로 여러 가지 결말을 예상해 볼 수 있도록 하였다. 또한 이야기 뒤에 덧붙인 용기 있는 모습과 그렇지 않은 모습을 제시하여 아이들 스스로 용기에 대해 생각해 보도록 하였다.

아이들은 커 갈수록 스스로 선택해야 할 일들이 늘어 간다. 그런 선택의 결과들이 모여 아이들의 인생을 만들어 간다. 이 책은 선택의 갈림길에서 용기 있는 행동과 비겁한 행동 중 어느 것을 선택하느냐에 따라 미래가 달라질 수 있음을 깨닫게 해 준다. 또한 인생을 꿈과 희망으로 안내하는 '용기'의 힘을 알려 준다.

《황금소년 라노페르》는 1905년 이집트에서 발굴된 아멘호테프 3세 왕가의 무덤에서 영감을 얻어 쓴 창작 동화이다. 금빛 찬란한 고대 이집트의 황금 도시 테베에서 도둑맞은 파라오의 황금 잔을 쫓는 용감한 고아 소년 라노페르의 숨 막히는 아슬아슬한 모험을 담아냈다.

라노페르는 돌아가신 아버지처럼 훌륭한 금세공사가 되어 파라오의 왕비를 위한 아름다운 예술품을 만드는 것이 꿈이다. 그런데 어느 날 악랄한 이복형 계부의 방에서 놀랍도록 아름다운 파라오의 황금 잔을 발견한다. 정의감이 불타오른 라노페르는 파라오의 무덤을 도굴하는 계부의 악행을 막기 위해 두려움을 무릅쓴다.

황금소년 라노페르

E. J. 맥그로 지음 | 이주희 옮김 |
개암나무 | 2011 | 고학년용

금빛 찬란한 고대 이집트의 황금 도시
테베에서 도둑맞은 파라오의 황금 잔을
쫓는 용감한 고아 소년 라노페르의 숨
막히는 아슬아슬한 모험을 담았다. 위험
하지만 옳다고 생각되는 일을 해냄으로
써 이루어지지 않을 것만 같은 꿈에 다
가선 라노페르의 감동적인 모험을 통해
용기를 얻는 법을 배울 수 있다.

이 책은 탄탄한 고증을 통해 아멘호테프 3세의 지배로 고대 이집트가 평화를 누리며 번영하던 시절의 테베를 놀랄 만큼 생생하게 보여 준다. 고대 이집트 사람들에게 솜씨 좋게 생명을 불어넣으면서 그들이 입던 옷, 먹던 음식, 자던 집은 물론, 죽음 후의 삶에 대한 믿음까지 진지하게 그려 냈다.

한 소년이 역경을 헤쳐 나가는 용기와 모험을 그린 이 동화는 독자에게 재미와 그 이상의 감동을 준다. 아이들은 위험하지만 옳다고 생각되는 일을 해냄으로써 이루어지지 않을 것만 같은 꿈에 다가선 라노페르의 감동적인 모험을 통해 친구들을 신뢰하고 도움과 용기를 얻는 법을 배울 수 있다.

더 읽으면
좋은 책

테오는 용감해!
에르하르트 디틀 지음 | 이진영 옮김 | 문학동네어린이 | 2001 | 저학년용
테오는 겁쟁이이다. 테오의 두려움은 상상에서 비롯한다. 그리고 두려움을 없애는 힘도 바로 상상력이다. 테오는 상상 속에서 유령도 만들 수 있고 유령보다 무서운 킹콩도 만들어 내며 킹콩을 물리친 용사도 될 수 있다. 작가는 아이들은 이런 성장 과정을 거쳐 모험으로 가득한 더 큰 세상으로 나아가는 것이라고 말한다.

어린이를 위한 용기

브래들리 트레버 그리브 지음 | 이상희 옮김 | 다산기획 | 2010 | 중학년용

낯선 곳에 갈 때, 한 번도 해보지 않은 일을 할 때, 치과에 갈 때 등 아이들이 생활 속에서 부딪치는 문제들을 동물들과 함께 해결하는 사진 그림책이다. 온갖 어려움을 겪는 아이들의 상황을 감정이 자연스럽게 드러난 동물 사진에 빗대어 표현하고 이런 감정들을 이겨 낼 수 있는 방법을 담고 있다.

간단하면서도 상상력이 풍부하여 우울함과 절망을 위로하고 아이들이 용기와 자신감을 갖는 방법을 알려 준다. 책 속의 동물들에 공감하고 그들과 소통하면서 용기와 자신감을 되찾을 수 있다.

학교 영웅 전설

최나미 글 | 윤지회 그림 | 웅진주니어 | 2011 | 고학년용

영웅을 기다리는 아이들의 심리를 담아낸 창작 동화이다. 학교 근처에 불량배가 나타난다는 소식이 들리자, 학교에서는 오후 네 시 이후 운동장 개방을 금지하고 여름 캠프를 취소한다. 아이들은 학교에 남아서 놀지도 못하는 데다가 기대하던 캠프마저 무산되자 실망에 빠진다. 이렇게 어지러운 때, 아이들에게 희망을 줄 영웅이 등장한다면 얼마나 좋을까? 그렇다면 진정한 영웅은 누구일까? 두근두근, 수수께끼 같은 영웅 찾기가 시작된다. 자기가 사는 동네에서 영웅이 탄생한다는 전설은 아이들의 마음을 더욱 기대감에 부풀게 한다.

불량배 패거리와 싸워 이긴 적이 있다는 선생님, 경찰이지만 불량배에게 맞고 들어온 의찬이네 아빠. 이 둘 중에 영웅이 있을까? 아니면 학교 뒤 수돗가에 "여름 캠프는 우리 것! 목숨 걸고 지키자!"라는 용감한 문구를 쓴 제3의 인물이 영웅일까? 영웅을 기다리는 아이들의 심리를 잘 묘사하였다.

진정한 용기는 내면으로부터 나온다

어릴 적에 나는 용기 없는 아이였다. 어머니의 증언에 따르면 내가 유아기였을 때 밖에 나가면 양지 바른 곳에 서서 친구들이 노는 것을 구경만 하다가 들어왔다고 한다. 초등학교에 들어간 후에도 나의 기질이 크게 달라지지는 않았던 듯하다. 초등학교를 졸업하고 20여 년이 지났을 때 호기심에 생활기록부를 떼어 보았는데, '은근히 장난이 심함'이라는 묘한 기록이 남아 있는 것을 보았다. 생각해 보면 큰 사고는 치지 않았지만 친구들에게 가볍게 장난을 치는 일이 있었던 것 같다. 그런데 생활기록부 어디에도 '용기'가 있다거나 '리더십'이 뛰어나다는 평가는 없었다. 은근히 장난을 치긴 했지만 시쳇말로 나는 '범생이'일 뿐이었다.

일제 강점기와 전쟁을 경험한 부모님은 자녀들의 건강과 안전에 대해 늘 마음을 썼다. 외출하려고 대문을 나설 때면 어김없이 들려오는 말씀이 있었다. "예야, 차조심해라." 그리고 "까마귀 노는 곳에 백로야 가지 말라."는 식의 이야기도 듣곤 했다. 부모님이 나쁜 일이나 위험한 일에 끼어드는 것을 좋아하지 않는다는 것을 어린 마음에도 알 수 있었기에 더욱 조심스럽게 행동했을 것이다.

부모나 교사로서 어떻게 아이들을 용기 있는 아이로 키울 수 있을까? 용기는 성품에서 나온다는 말이 있다. 구약성서 〈잠언〉에 보면, "악인은 쫓아오는 자가 없어도 도망하나 의인은 사자 같이 담대하니라"(잠 28:1)라는 말씀이 있다. 여기서 악인과 의인의 차이는 무엇인가? 그 차이는 내면의 성품이다. 진정한 용기는 내면으로부터 나온다.

작은아이는 고등학교 1학년 1학기를 마치고 교환학생으로 미국 미시시피 주의 한 고등학교에서 수학한 적이 있다. 그 후에 다시 짧은 유학 생활을 하였다. 부모로서 그와 같은 결정을 한 것은 결코 쉬운 일이 아니었다. 아직 미성년인 데다 한국의 고등학교 1학년생이 정규 과정을 내려놓고 외국에 나가는 것은 위험 부담이 있는 결정이었다. 그 선택은 아들에게도 용기가 필요한 일이었다.

그래도 우리는 비교적 쉽게 결정을 내렸다. 그 배경에는 아들에 대한 신뢰가 있었다. 아들은 초등학교와 중학교를 거치면서 보습학원에 다닌 적이 없는, 소위 '자기주도학습'을 실천하는 아이였다. 중학교 시절에는 학급 반장을 맡으면서 리더십을 키웠고, 여러 가지 상황에 대처하는 지혜와 용기도 배웠다. 또한 역사에 관심이 많아서 책을 통해 많은 역사 인물을 접하고 그들에게서 용기와 같은 덕목을 배웠기에 또래에 비해 미더운 편이었다.

용기는 매우 중요한 성품이다. 용기는 만용과 다르다. 만용은 무엇인가? "사리를 분별하지 않고 함부로 날뛰는 용기." 이것이 사전적 정의이다. 아이를 용기 있는 아이로 키우는 것은 쉽지 않다. 올곧게 살고 의롭게 사는 것이 마땅하지만 그렇게 살아 내는 것이 현실적으로 녹록지 않기 때문이다. 그러나 우리는 아이들이 비겁한 사람이 되기를 원하지 않는다. 아이들이 떳떳하지 못하고 겁이 많다면 부모는 걱정하지 않을 수 없다. 그러므로 부모가 해야 할 역할은 용기의 성품이 잘 자라도록 가르치고 격려하는 것이다.

용서하는 아이로
키우는 책

"나는 한 시간의 독서로
누그러들지 않는
어떤 슬픔도 알지 못한다."

샤를 몽테스키외(프랑스의 사상가)

용서란 무엇인가?

미국의 소설가 마크 트웨인(Mark Twain)이 멋진 말을 했다. "용서는 제비꽃이 자신을 밟는 발꿈치에 남기는 향기이다." 용서는 쉽지 않지만 꼭 필요하다. 용서하지 않으면 다치는 사람은 상대가 아닌 바로 자신이기 때문이다. 영국의 극작가 해나 모어(Hannah More)는 "기독교인은 원한보다 용서의 비용이 훨씬 적게 든다는 사실을 알아야 한다. 용서하면 분노의 비용, 증오의 대가, 심령의 낭비가 절약된다."고 말했다.

우리는 종종 말로는 "용서합니다." 하면서 그 말을 하는 순간에도 마음에는 분노와 원한이 남아 있는 것을 느낀다. 여전히 자신이 옳았다는 말을 듣고 싶은 것이다.

그러나 하나님의 용서는 무조건적이다. 아무것도 요구하지 않는 마음, 이기주의가 완전히 사라진 마음에서 나오는 것이다. 우리가 일상생활에서 연습해야 할 것은 바로 이런 하나님의 용서이다.

그러려면 용서에 대한 고정관념에서 벗어나야 한다. 용서하는 것은 손해 보는 것이라는 생각에서 자유로워야 한다. 용서하기 위해서 우리는 용서가 현명한 판단이라는 확신을 가져야 한다. 그리고 감사와 칭찬에 대한 모든 욕구를 넘어서야 한다. 헨리 나우웬(Henri Nouwen)은 말하기를 "나와 용서의 대상 사이에 약간의 조건을 둠으로써 계속 통제권을 쥐고 싶은 마음을 벗어 버려야 한다."고 했다.

루이스 스미디스(Lewis B. Smedes)는 《용서의 미학》에서 "용서할 때 우리는 어둠이 있던 곳에 빛을 가져온다. 고통스러운 과거로 인해 닫혀 버린, 보이지 않는 미래로의 문을 연다. 용서할 때 우리는 하나님의 손을 잡고 그 문을 통과해 걷게 되며, 우리를 기다리고 있는 가능성 속으로 걸어 들어가게 된다."고 말했다.

용서한다는 것은 자기를 이기는 것이다. 용서는 언제나 상대방을 위한 것이 아니라 자신을 위한 것이다. 용서하지 않고 사는 사람은 그것으로 인해 자기 삶의 많은 부분이 허물어지고 깨진다. 그래서 성경은 용서를 하는 것은 상대방을 자유롭게 하는 것이 아니고 자신을 자유롭게 하는 것이라고 말한다. 그러므로 용서의 능력은 우리의 손 안에 있다고 말한다. 우리 자신이 그 손을 펴서 자신과 자기에게 상처를 준 사람들의 삶에 평화와 축복을 전해 줄 수 있다.

용서를 아이에게 가르치는 방법

아이들에게 이렇게 질문해 보자. "우리 어린이들은 친구가 잘못하면 몇 번이나 용서해 줄 수 있어요?" 두세 번 정도는 용서하겠다는 아이들이 대부분이고, 열 번이라도 용서하겠다는 아이는 많지 않을 것이다. 아이들에게 용서는 결코 쉬운 문제가 아니다.

사랑받고 자란 아이가 사랑을 할 줄 알듯이, 용서받은 경험이 있는 아이가 용서를 할 수 있다. 아이들 세계에도 갈등이 있고 마음의 상처가 있다. 형제간의 싸움에서 비롯한 감정의 앙금이 생길 수도 있고, 성추행과 같은 심각한 문제로 상처를 입는 경우도 있다. 모든 상처는 치유의 과정을 거쳐야 한다. 용서는 자신의 상처를 치유하는 길이기도 한다.

용서와 관련된 유명한 이야기로는 '코리 할머니'로 불리는 코리 텐 붐 여사의 용서 이야기가 있다.

제2차 세계대전 중에 독일군에게 쫓기는 유대인을 숨겨 주었다는 이유로 네덜란드의 처녀 코리 텐 붐과 그녀의 가족들은 나치 수용소에 갇혔다. 끔찍한 고문으로 말미암아 그녀의 가족은 생명을 잃고 말았고, 기적적으로 그녀만 생명을 건질 수 있었다.

전쟁이 끝난 후에 코리 텐 붐 여사는 복음 전도사가 되어 온 세계에 다니며 용서의 복음을 전했다. 그녀가 용서의 메시지를 전하는 곳곳마다 놀라운 삶의 변화들이 일어났다. 수많은 사람이 그녀의 말씀을 듣고 큰 은혜와 감동을 받았다.

그러던 어느 날이었다. 독일에서 그녀를 초청하여 특별 집회가 있었다. 그때 그녀의 명성을 듣고 많은 사람이 몰려와 집회에 참석을 했다. 저녁 집회를 은혜롭게 마치고 코리 텐 붐 여사는 교회 정문 앞에 서서 집으로 돌아가는 사람들과 인사하며 감사의 악수를 나누었다. 그때 한 노신사가 그녀에게 손을 불쑥 내미는데 그를 본 코리 텐 붐 여사는 너무 놀라 얼굴이 창백해지고 피가 거꾸로 솟는 것만 같았다. 그 노신사는 바로 자기 가족을 극심하게 고문해서 죽게 만들었을 뿐만 아니라, 그 당시 처녀였던 자신의 옷을 전부 벗겨 내고 온갖 고문을 하며 말할 수 없는 고통과 수모를 준 사람이었기 때문이다.

그래서 코리 텐 붐 여사는 "온 세상 사람을 다 용서해도 이 자만큼은 도저히 용서할 수 없습니다."라고 하나님께 고했다. 그녀가 그의 손을 잡고 악수를 한다는 것은 도저히 있을 수 없는 일이었다. 그때 그녀의 마음속에서 주님의 음성이 들려왔다. "얘야! 난 그 사람까지도 구원하기 위하여 십자가를 졌단다." 그녀는 주님의 음성을 듣고 나서 즉시 회개했다. 놀라운 주님의 사랑과 용서의 은혜를 다시금 마음속 깊이 깨닫고 마침내 그를 용서할 수 있었다.

코리 텐 붐 여사는 그 노신사와 용서의 악수를 하면서 무거운 마음의 짐을 모두 주님의 십자가 앞에 내려놓고, 자신의 생애에서 가장 큰 영적 기쁨을 누릴 수 있었다고 한다.

사도 바울은 말하기를 "서로 친절하게 하며 불쌍히 여기며 서로 용서하기를 하나님이 그리스도 안에서 너희를 용서하심과 같이 하라"(엡 4:32)고 했다.

부모와 교사는 먼저 용서의 성경적 의미를 이해하고 삶에 적용해야 한다. 그리고 하나님께서 우리들의 잘못을 용서해 주신 것처럼 친구들을 용서하는 어린이가 되도록 가르쳐야 한다.

용서를 가르쳐 주는 책

《할머니의 용서》는 용서를 주제로 한 말레이시아 설화를 바탕으로 한 동화이다.

배경은 말레이시아의 탐부난 강이다. 이 강에는 무시무시한 악어들이 살았다. 오래전에 이 마을에는 한동안 비가 오지 않았다. 마을에 있는 호수가 말라 버려서 마실 물도 없었다. 근처에 탐부난 강이 있었지만 악어들 때문에 갈 수가 없었다. 손자가 목이 마르다고 하자 할머니는 손자를 위해 탐부난 강에서 물을 길어 오기로 했다. 하지만 어린 손자를 혼자 두고 갈 수는 없었다.

강가에 도착했을 때 손자는 할머니의 손을 뿌리치고 강으로 달려갔다. 놀란 할머니가 급히 쫓아갔지만 손자를 따라잡지 못했다. 손자는 벌컥벌컥 물을 들이켰다. 그때 악어 한 마리가 강물 위로 불쑥 머리를 내밀었다.

"하, 할머니, 으악!"

"아가, 아가! 이놈의 악어야, 게 서지 못해!"

할머니는 물동이를 집어던지며 강물로 뛰어들었다. 하지만 악어는 손자와 함께 물속으로 사라진 뒤였다.

"사람 살려! 누가 내 손자 좀 구해 줘요!"

아무리 외쳐도 소용이 없었다. 손자가 있던 자리에는 물거품만 부글

할머니의 용서

김수희 글 | 박현주 그림 |
을파소 | 2011 | 유아용

손자를 삼킨 어린 악어가 목에 뼈가 걸
려 괴로워하자 그 뼈를 직접 빼내 준 할
머니의 이야기이다. 그 뒤로는 마을에
악어들이 얼씬도 하지 않아 사람들이 평
화롭게 살 수 있게 되었다. 손자를 잃어
슬퍼하던 할머니가 용서를 통해 평화를
이끌어 내는 이야기를 통해 진정한 용서
란 무엇인지 생각해 볼 수 있다.

거리다 사라져 갈 뿐이었다.

어린 악어는 물고 온 손자를 꿀꺽 삼켰다. 그런데 그만 어린 악어의 목에 뼈가 걸리고 말았다.

"컥컥! 누가 나 좀 살려 줘요. 숨 막혀요."

어린 악어의 울음소리가 강가에 울려 퍼졌다. 할머니 악어는 어린 악어가 죽게 될까 봐 걱정이 되었다.

그때 지혜로운 악어가 말했다.

"이 녀석이 삼켜 버린 아이의 할머니라면 살릴 수 있을 게요."

"그 할머니가 도와줄 리가 없잖아. 자기 손자를 삼켜 버렸는데……."

악어들이 수군거리는 소리에 아랑곳하지 않고 할머니 악어는 아이의 할머니를 찾아가 자기 손자 악어를 구해 달라고 부탁했다.

할머니는 어린 악어가 괘씸했지만 어린 악어를 용서하고 목구멍에 걸린 뼈를 빼내고 치료를 해 주었다.

그 뒤로 탐부난 강 근처에는 악어들이 얼씬도 하지 않았다. 강물처럼 넉넉한 할머니의 용서하는 마음이 이 마을에 평화를 가져다 준 것이다. 손자를 잃어 슬퍼하던 할머니가 용서를 통해 평화를 이끌어 내는 이야기를 통해 진정한 용서란 무엇인지 생각해 볼 수 있다.

《용서해 테오》는 사고로 형을 잃은 소년이 슬픔을 딛고 세상을 향해 화해와 용서의 손을 내미는 이야기이다. 테오의 형은 어느 날 교통사고로 목숨을 잃고 말았다. 테오는 물론 가족 모두 깊은 슬픔에 빠졌다. 남은 가족은 매일같이 눈물을 흘리며 시간을 보냈다. 슬픔이 너무나 깊어서 가족들은 도저히 그 안에서 빠져나올 수 없을 것 같았다.

그러던 어느 날, 부모는 테오에게 사고를 낸 아저씨를 만나러 가자고 했다. 테오는 아저씨를 만나고 싶지 않았다. 형을 죽인, 세상에서 제일 밉고 원망스러운 '괴물' 같은 사람이니까. 부모는 "그 아저씨도 괴로워하고 있다."고 하지만 테오는 왜 자신이 그 아저씨의 아픔까지 신경을 써야 하는지 알 수 없었다.

하지만 아저씨와 아저씨의 딸을 만난 테오는, 아저씨와 아저씨의 가족도 테오처럼 괴로워하고 있으며, 모두 함께 괴로움에서 벗어날 수 있는 방법은 자신이 아저씨를 용서하는 것뿐임을 알게 되었다. 아무리 아저씨를 원망해도 형은 돌아올 수 없다. 이제는 남은 사람들이 행복해지기 위해 노력할 차례이다.

테오는 아저씨를 용서하고, 조금씩 자신을 얽매고 있던 슬픔에서 벗어났다. 그리고 점차 일상을 회복하고, 스스로 행복해지겠다고 다짐했다. 다시는 돌아오지 않을 현재 삶의 소중함을 깨달았다. "지금 내게 주어진 하루하루를 열심히 사는 것", 그것이 형이 테오에게 남겨 준 가르침이다. 동화는 이렇게 끝을 맺고 있다.

"나는 밤하늘을 쳐다보며 내가 사랑하는 사람들을 떠올렸어요. 엄마,

용서해 테오

질 티보 글 | 주느비에브 코테 그림 |
이정주 옮김 | 어린이작가정신 |
2009 | 고학년용

사고로 형을 잃은 소년이 슬픔을 딛고
세상을 향해 화해와 용서의 손을 내미는
이야기이다. 미움을 버리고 최선을 다해
사는 것이 행복해질 수 있는 방법이라는
것을 가르쳐 준다.

아빠, 할머니, 할아버지, 사촌들, 친구들, 그리고 형. 형도 내가 모르는 어느 곳에서 행복하게 지내겠지요.

별똥별이 밤하늘을 환하게 갈랐어요. 나는 소원을 빌었어요. 이젠 정말 행복해지고 싶다고……."

용서는 상대방을 위한 것이기도 하지만, 자기 자신을 위한 것이기도 하다. 누군가를 미워하는 것은 그 자체만으로도 괴로운 일이다. 용서를 통해 미움에서 해방될 수 있으며, 자신과 다른 사람들을 사랑하기 위해 더 많은 시간을 보낼 수 있다.

아이들은 아직 죽음에 대해서 잘 모른다. 이 책은 소중한 사람을 잃었을 때 남은 사람이 어떻게 슬픔을 극복하고 행복을 찾을 수 있을지를 가르쳐 준다. 슬퍼하고, 그 상황을 만들었거나 원인이 되는 사람을 원망하는 것은 당연하다. 하지만 결국은 용서해야 한다. 그것만이 마음을 괴롭히는 감정에서 벗어나, 자신의 행복을 찾아갈 수 있는 방법이기 때문이다. 이 책은 미움을 버리고 최선을 다해 사는 것이 행복해질 수 있는 방법이라는 것을 아이들에게 가르쳐 준다.

모래에 써서 괜찮아-용서이야기
정진 글 | 손은주 그림 | 강같은평화 | 2011 | 저학년용

혁이와 조은이는 늘 티격태격한다. 어느 날 열대어 구피를 선물하고 싶어 하는 조은이의 마음에 혁이가 상처를 준다. 혁이는 뒤늦게 사과하지만 조은이는 슬프다. 사랑하는 가족과 주변의 관심으로 조은이는 지혜로운 방법을 찾는다. 마침내 섭섭하기만 한 혁이의 태도에 대해 "모래에 써서 괜찮아."라고 말할 수 있게 된다.

아버지가 전하는 이야기로부터 모래에 써서 괜찮다는 설정을 이끌어 냄으로써 용서와 배려를 일깨우는 성경적 마인드를 전하고 있다. 차가운 세상을 이기게 하는 힘은 따뜻한 마음임을 알게 한다.

절대 용서할 수 없어
캐럴 앤 모로우 글 | R.W.앨리 그림 | 노은정 옮김 | 비룡소 | 2005 | 저학년용

아이들의 감수성과 사고 발달 과정을 고려한 인성 계발 그림책이다. 대화체 문장과 표정이 살아 있는 그림은 아이들의 심리 상태를 보다 쉽고 정확하게 알려 준다.

이 책에는 어른의 권위적인 충고, 즉 이렇게 해야 옳고 그렇지 않으면 옳지 않다는 판정이 없다. 대신에 상황을 적절히 묘사한 글과 그림을 통해 아이들 스스로 판단하고 생각할 수 있도록 유도한다. 다른 사람을 용서하는 미덕과 잘못했을 때 용서를 구하는 용기를 가르쳐 준다.

인마 넌 내 동생이야
이상교 글 | 박영미 그림 | 아리샘주니어 | 2010 | 중학년용

사소한 오해로 인해 친구를 멀리하다가 나중에서야 친구의 본심을 알고 용서를 하게 되는 이야기이다. 지온은 평소에도 자신보다는 같은 반 친구인 현욱을 "형! 형!" 하며 더 따르는 동생에 대해 불만이 있다. 동생에 대한 불만은 고스란히 현욱이에게 돌아가 현욱이와도 어색한 관계가 되고 만다.

그러던 어느 날 자신의 만류에도 축구를 하겠다며 현욱이와 나간 동생이 큰 사고를 당해 입원을 하게 된다. 동생이 다친 것을 친구인 현욱이 탓으로 생각한 지온은 동생에 대한 걱정을 현욱에 대한 미움과 동생에 대한 외면으로 표현한다.

지온이는 마음속에 맺힌 미움의 매듭을 어떻게 풀어낼까? 이 동화는 용서란 내 마음의 매듭을 풀어내는 과정이라고 가르쳐 준다.

용서 : 마음과 마음을 이어 주는 14가지 이야기
베스트라이프 글 | 김진경 그림 | 토피 | 2007 | 고학년용

재미있고 다양한 이야기를 통해 아이들에게 용서하는 마음을 가르쳐 주는 책이다. '용서하지 않는 마음', '자신을 용서하는 마음', '멧돼지에게 용서를 배운 농부', '놓쳐 버린 용서', '세상에서 가장 아름다운 입', '용서도 기술이 필요해요', '최악의 반칙', 그리고 '최고의 선수' 등 14가지 동화와 의인들의 이야기를 담았다.

아이들은 주변 사람들과의 관계 속에서 성장해 간다. 여러 사람과 어울려야 하는 학교생활에 아직 서투른 어린 학생들이 자신에 대해 실망하고 상대방에게 실망하게 될 때 어떻게 자신을 용서하고 상대방을 용서해야 하는지, 그리고 우리 생활 속에 용서가 얼마나 중요한 부분을 차지하는지를 일깨워 준다. 각 이야기가 끝날 때마다 '생각 나누기'로 용서의 바른 개념을 알도록 도와 준다.

코리 텐 붐

체스트 호프 바에즈 지음 | 김윤아 옮김 | 프리셉트 | 2010 | 고학년용

전쟁이 일어나 잔혹한 죽음의 수용소에 갇힌 상황에서도 하나님의 변치 않는 사랑을 전하며 사람들을 위로하는 삶을 산 코리 텐 붐의 이야기이다. 코리 텐 붐은 극심한 고난 중에도 하나님의 뜻을 자기 삶의 자리로 가져와 실천하는 용기와 믿음을 지닌 진정한 하나님의 사람이었다. 그녀는 기적적으로 수용소에서 석방된 이후에도 전쟁으로 인해 상처 입은 사람들을 돌보며 그들에게 하나님의 사랑과 용서의 복음을 전하는 사역을 행했다.

용서는 평생 배워 가는 기술이다

'용서는 신의 몫', '용서는 하나님의 성품'이라는 말이 있다. 그만큼 용서가 쉽지 않다는 이야기이다. "용서해 주세요." "용서할게요."라는 말은 매우 간단하지만 세상에서 가장 아름다운 말 가운데 하나이다.

용서는 어른에게도 어려운 일, 때로는 불가능에 가까운 일이다. 살다 보면 이렇게 저렇게 부딪치는 일이 일어나지 않을 수 없고, 그래서 상처받기도 하고 섭섭할 때도 있다. 때로는 인간관계에서 심한 갈등이 생겨 마음고생을 하기도 한다. 아이들도 마찬가지이다. 아이들도 희로애락의 감정을 느끼고, 사랑과 미움을 경험한다. 용서받아야 하는 경우도 있지만 용서해야 하는 상황도 있다. 아이들도 심한 모욕이나 경멸을 당하면 수치감을 느끼고 상대에 대해 분노를 느낀다.

마음에 큰 상처를 입은 사람은 상처를 입힌 사람을 용서하기가 쉽지 않다. 사실 용서는 단순히 너그러운 마음의 태도가 아니다. 심리학자들의 연구에 따르면 용서는 의지의 문제이다. 그래서 '용서하기'는 개인의 선택으로 가능하다.

아이들의 세계에서도 용서는 중요한 선택이다. 사소한 일로 다투는 경우, 그들 스스로 해결하기도 하지만 때에 따라서는 부모나 교사가 중재하기도 한다. 이때 잘못을 한 아이에게 사과하라고 말하고, 다른 아이에게는 사과를 받아주고 용서하라고 말한다. 잘못을 시인하고 사과하는 일도 쉽지 않지만, 상대방의 사과를 받아들이고 용서하는 일도 쉽지 않다.

아이를 키우다 보면 아이가 용서를 구하는 경우가 더 많긴 하지만 아이가 부모의 잘못이나 실수를 용서해야 하는 경우도 있다. 전후 사정을 잘 알지 못하고 아이를 꾸짖거나 체벌을 할 때이다. 이런 경우 부모는 어떻게 사태를 수습해야 하는가? 부모도 잘못이나 실수를 하는 경우에는 솔직하게 인정하고 자녀에게 사과하고 용서를 구해야 한다.

교회 학교 교사로 초등학교 저학년을 지도했을 때의 일이다. 한 아이가 예배에 집중하지 않고(한 시간 이상 집중할 수 있는 아이가 있을까?) 주위가 산만해서 따로 불러 잘못을 지적하고 손바닥으로 엉덩이를 몇 번 때렸다. 잠시 후 나는 내가 상황에 너무 민감하게 반응해서 아이를 지나치게 책망했다는 생각이 들었다. 그래서 아이를 다시 따로 불러 아이 앞에 무릎을 꿇고 용서를 빌었다. 아이는 당황해서 어쩔 줄 몰라 했다. 무릎을 꿇은 것은 '오버액션'일 수도 있다. 하지만 그때 나는 그 방법이 최선이라고 생각했다. 어른도 아이에게 용서를 빌어야 하는 경우에는 진심으로 잘못을 인정해야 한다고 생각하기 때문이다.

용서는 평생 배워 가는 기술이다. 감정에 좌우되는 기술이 아니라 각자의 결단과 의지에 의한 '거룩한 예술'이다. 따라서 이러한 기술을 아이들에게 가르치는 일은 어렵지만 귀한 책임이다. 부모나 교사가 읽을 만한 '용서' 관련 책이 많이 나와 있다. 아이들에게 용서를 가르치기 전에 먼저 부모와 교사가 용서의 삶을 배우고 실천하는 것이 우선되어야 한다.

주제별 독서
10

평화를
사랑하는 아이로
키우는 책

"지식적으로가 아니라 뜨거운 마음으로
각 주제에 접근하되 한 단어, 한 단어씩
차분한 마음으로 천천히 읽으라.
이따금씩 잠깐 쉬면서 이러한 진리들이
영혼의 가장 깊숙한 곳까지 스며들게 하라.
그리고 성령께서 역사하도록 기회를 제공하라."

장 피에르 드 코사드(프랑스의 성직자)

평화란 무엇인가?

평화의 사전적 의미는 '전쟁이나 갈등이 없이 세상이 평온한 상태'이다. 국가적인 평화는 민주국가의 정치적 이상인 사회 정의의 실현을 통한 국민들의 정치·사회·경제의 안녕과 안정을 꾀하는 것이다. 국제적인 평화는 국가 간의 갈등·분쟁·전쟁이 없는 상태를 가리킨다. 물론 개인적인 평화를 가리키는 말로 쓰일 때도 있고, 종교적 의미로 사용되기도 한다. 화평이라고 쓸 때는 보통 화목하고 평온한 상태를 가리킨다.

평화를 지키는 일에 해마다 막대한 돈이 쓰이고 있다. 매년 수많은 사람이 개인과 가족의 화평을 찾고자 전문 상담가들에게 모여든다. 외교관들은 국가 간의 평화를 추구하기 위해 세계 곳곳을 누빈다. 법원은 개인 또는 회사 간에 평화가 깨지면서 늘어나는 소송 때문에 업무가 과중할 지경이다.

아인슈타인은 "평화는 힘으로 유지되지 않는다. 그것은 오직 서로 이해할 때만 가능하다."라고 말했다. 존 F. 케네디는 "단순한 전쟁의 부재는 평화가 아니다. 무력은 평화를 지키는 데 적당하지 않다. 이를 지키는 것이 사람이기 때문이다."라고 했다.

사람들은 평화를 원하지만 인류 역사는 전쟁의 역사라고 해도 과언이 아니다. 인류는 지난 20세기에 두 차례나 세계대전을 경험하였다. 뿐만 아니라 지금도 그치지 않는 내전과 국가 간의 갈등, 그리고 경제적 마찰이 계속되고 있다. 평화의 소중함에 대해 누구나 동의를 하지만 사람들은 진정한 평화와 안식을 누리지 못하고 있다.

평화는 우리가 지켜야 할 중요한 가치이다. 인간관계뿐 아니라 모든 공동체에서도 마찬가지이다. 따라서 어린 시절부터 평화에 관하여 바르게 배우는 것은 아주 중요하다. 평화의 가치를 소중히 여기고 평화를 사랑하는 아이로 성장할 때 지구촌은 지금보다 더 아름다운 미래를 만들어 갈 수 있다.

성경은 가장 바람직한 평화의 상태를 '샬롬'이라는 히브리어로 표현하고 있다. '샬롬'은 우리말의 '안녕'에 해당하는데, 실제로 인사말로도 사용한다. 그러나 샬롬의 의미는 단순하지 않다. 여러 뜻이 담겨 있는 의미심장한 단어이다. 그것은 단순히 전쟁이나 갈등이 없는 소극적 평온을 의미하지 않는다. 샬롬은 웰빙(well-being)이라고도 번역된다. 따라서 샬롬의 상태는 개인적으로는 하나님과 사람의 관계가 바르게 정립된 상태이며, 사회적으로나 국가적으로는 전쟁이나 공포와 불안에서 벗어나 모든 구성원이 행복을 만끽하는 상태라고 말할 수 있다.

사람들은 행복을 추구한다. 이것은 바로 샬롬의 상태를 소망하는 것이다. 우리는 아이들의 미래가 행복하기를 바란다. 그것은 개인적으로나 국가적으로 평화로운 상태에서 꿈을 이루고 아름다운 공동체를 세워 나가는 것이다. 이러한 미래는 저절로 주어지지 않는다. 평화를 아끼고 사랑하는 미래의 세대가 지키고 만들어 가야 한다. 그러므로 부모 세대가 다음 세대에게 평화를 가르치는 일은 중요하고도 시급하다.

어떻게 평화를 가르칠까?

넓은 의미의 평화 교육은 '서로 다른 국민 간에 이해를 깊게 함으로써 세계 평화를 유지하는 데 기여하는 것을 목적으로 하는 교육 활동'이다. 그러나 어린이에게 적용한다면 '남에게 친절하게 대하고 양보하는 태도'에서부터 시작하는 교육이다.

아이들에게 "사이좋게 지내라."고 하는 것도 평화를 가르치는 것이다. 아이들은 또래 집단에서 함께 게임을 하며 놀 때 규칙을 정한다. 때로는 새로운 규칙을 만들기 위해 서로 의견을 주고받기도 한다. 간혹 서로 규칙에 대한 합의 없이 게임을 하다가 자기가 알고 있는 규칙을 내세워 다툼이 일어나기도 한다. 이런 과정을 통해 아이들은 양보와 타협을 배우고 협상의 기술도 익힌다. 다툼 없이 놀면서 즐거움을 공유하기 위해서 지켜야 하는 규칙이 있다는 것을 알게 된다.

평화의 가치를 배우는 것은 이와 같이 작은 공동체에서부터 시작할 수 있다. 특히 가정은 평화 교육이 자연스럽게 이루어질 수 있는 최상의 장소이다. 부모는 서로 양보하고 상대방을 배려하고 사랑하는 행동을 통해 가정의 평화가 유지되는 것을 보여 줄 수 있다. 아이들이 한 사람의 시민으로 성장하기 위해서는 가정에서부터 이러한 품성을 키워야 한다.

오늘날 우리 아이들은 세계 공동체의 평화를 생각하고 고민해야 하는 시대에 살고 있다. 개인의 행복만 추구한다고 행복해지는 시대가 아니기 때문이다. 아이들은 우리가 모두 한 몸의 지체처럼 연결되어 있다는 것을 배워야 한다. 몸의 한 부분이 고통을 당하면 몸 전체가 함께 그 고통을 경험한다. 이처럼 공동체의 평화를 지키지 못하면 개인의 평화도 없는 것이다.

평화를 사랑하는 아이가 된다는 것은 많은 것을 의미한다. 그것은 아이의 가치관, 태도, 행동 그리고 삶의 방식의 변화와 관련이 있다. 커 가면서 아이는 평화와 연결된 다른 가치들도 알게 된다. 관용, 자유, 정의 같은 가치들이 평화와 함께 손을 잡고 있다는 것을 배우게 되는 것이다.

평화를 가르쳐 주는 책

《밀림을 지켜라!》는 위기가 닥쳤을 때 무서워하고 떨기만 하다가 용기를 내어 대화를 시도함으로써 마침내 평화를 찾게 되는 이야기이다.

사람들의 발길이 닿지 않는 멋지고 신비로운 콩고 밀림. 밀림의 동물들은 아무 걱정 없이 평화롭게 살았다. 동물들은 뭘 해야 더 재미있을까 생각하며 심심함을 달랬다. 뱀은 코끼리의 다리나 긴 코를 칭칭 감으며 장난을 쳤다. 곰들은 새소리나 곤충의 날갯짓에 맞춰 춤을 추거나 재주넘기를 했다. 기린은 등에 아기 표범을 태우고 휘청휘청 뛰어다녔다.

밀림에는 사자 왕이 있었다. 나이가 많고 자비로운 왕이었다. 그런데 아름답고 평화로운 이곳에 어느 날 갑자기 큰 시련이 닥쳤다. 어디선가 무시무시한 호랑이가 나타났기 때문이다. 밀림의 동물들은 언제 잡아먹힐지 모르는 불안한 나날을 보냈다. 호랑이는 동물들을 공포에 빠뜨렸다. 살아 있는 동물이라면 얼룩말이든 멧돼지든 토끼든 가리지 않고 마구 사냥했다. 그 때문에 밀림에는 육식동물의 먹이가 눈에 띄게 줄어들었다.

아기 동물들은 덜덜 떨었다. 호랑이가 무서워 밖에서 뛰어놀지도 못하고 집에만 틀어박혀 있었다. 아기 코끼리는 호랑이 발톱에 거의 잡힐 뻔했는데, 그때 너무 놀라 그만 아무 소리도 못 내게 되었다. 다른 코끼리들과 이야기도 못 나누고 늘 겁먹은 표정만 지었다. 동물들은 잘 먹지 못해 빼빼 말라 갔다. 밤에는 잠을 못 자서 눈이 퀭했다. 혹시 잡아먹힐지 모른다는 생각에 안절부절못했다. 하지만 호랑이를 막을 방법이 딱히 없었다.

지혜로운 사자 왕조차 마땅한 해답을 찾지 못했다. 결국 밀림에서 용감하고 힘이 센 꼬마 사자, 코끼리, 뱀, 표범이 나섰다. 그런데 네 용사 모두 힘 한 번 못 쓰고 호랑이에게 당하고 말았다. 동물들이 혼란과 절망에 빠져 있을 때, 가젤이 나타나 호랑에게 가 보겠다고 했다. 날카로운 발톱

밀림을 지켜라!

카르멘 바스케스 글 | 헤수스 가반 그림 |
이선영 옮김 | 책속물고기 | 2011 | 저학년용

위기가 닥쳤을 때 무서워하고 떨기만 하
다가 용기를 내어 대화를 시도함으로써
마침내 평화를 찾게 되는 이야기이다.
서로의 처지나 마음을 이해하면 어떤 문
제든 평화롭게 풀 수 있다는 교훈을 얻
을 수 있다.

도 없고, 독도 없고, 아무런 무기도 없는 가젤이 포악한 호랑이를 무찌를 수 있을까? 동물들의 비웃음을 뒤로 하고 가젤은 따각따각 소리를 내며 호랑이를 만나러 떠났다

가젤은 호랑이에게 다가가서 또박또박 말했다.

"넌 우리를 힘들게 하고 있어."

"뭐라고?"

호랑이는 벌떡 일어났다. 가젤이 한 말을 믿을 수가 없었기 때문이다. 가젤은 호랑이 때문에 밀림의 동물들이 힘들다며 솔직하게 말했다. 그러자 호랑이도 마음을 열고 자신의 처지를 말했다. 호랑이 또한 사냥꾼을 피해 밀림으로 도망쳤으며 밀림의 동물들을 마구 해치고 싶지 않다고 말했다. 서로의 처지를 이해한 뒤에 호랑이가 밀림에서 조용히 살기로 하면서 밀림은 다시 예전처럼 평화를 유지할 수 있게 되었다.

여기서 바로 상대방을 이해하는 대화의 힘을 엿볼 수 있다. 서로의 처지나 마음을 이해하면 어떤 문제든 평화롭게 풀 수 있다는 교훈을 준다.

《평화는 어디에서 오나요》는 아이들 눈높이에서 평화와 평등에 관한 메시지를 전하는 책이다. 8편의 평화 이야기 안에는 아이들이 생활 곳곳에서 겪는 갖가지 사건과 경험이 유쾌하고 따뜻하게 그려져 있다.

〈순간 사진〉은 성탄절 선물로 받은 사진기를 가지고 친구들의 부끄러운 모습만 골라 찍는 슈테판의 이야기이다. 슈테판은 운동장에 나가

서 자기가 찍고 싶은 아이들을 보이는 대로 다 찍고, 공부 시간에도 사진 찍을 기회만 노렸다. 누구라도 자기를 보는 사람이 없다고 마음 놓고 있기만 하면 이때다 하고 몰래 사진을 찍었다.

벤노가 남의 공책을 베끼는 걸 찍고, 악셀이 의자 밑에서 만화를 보고 있는 것도 놓치지 않았다. 엘게가 입이 찢어져라 하품을 하고, 뚱보 베른트가 잠이 와서 어쩔 줄 몰라 하는 모습도 몰래 찍었다.

이 동화는 이렇게 다른 사람들의 모습을 몰래 찍는 것은 다른 사람의 인권을 침해한다는 것을 보여 준다. 또한 다른 사람의 인권을 침해하는 것이 어떻게 평화를 깨는지도 알려 준다.

〈디륵은 인도 사람과 무슨 관계가 있지?〉는 자기의 생일잔치를 포기하고 인도의 굶주리고 있는 아이에게 돈을 보내는 아이에 관한 이야기이다. 디륵은 껍질에 갈색 점이 몇 개 있다고 바나나를 쓰레기통에 던졌다가 사촌누나 니르마라의 설명으로 인도에 사는 가난한 친구 디에쉬를 알게 된다. 디륵은 자신의 생일잔치에 쓸 돈을 모아서 디에쉬에게 보내 주기로 결심을 하고 친구들에게도 다음과 같은 편지를 보낸다.

내 친구에게
8월 17일이 내 생일이야.
그런데 올해 난 생일잔치를 안 하려고 해.
선물과 잔치에 드는 돈을 모아서

평화는 어디에서 오나요

구드룬 파우제방 글 | 민애수 그림 | 김종철 엮음 |
신흥민 옮김 | 웅진주니어 | 2006 | 고학년용

아이들 눈높이에서 평화와 평등에 관한
메시지를 전하는 책이다. 개성 강하고
재미와 감동, 생각할 거리를 듬뿍 안겨
주는 동화 8편이 실려 있다. 아이들이 생
활 곳곳에서 겪는 갖가지 사건과 경험이
유쾌하고 따뜻하게 그려져 있다.

인도에 있는 굶주린 어떤 아이에게 보내려고 해.

그 애는 그 돈이면 몇 주나 배불리 먹을 수 있어.

이해해 주길 바라.

네 친구 디특 씀

이 편지를 받은 아이들도 디특의 계획에 동참하게 되고 그야말로 멋진 생일을 보내게 된다.

그 밖에도 눈먼 할머니와 말썽꾸러기 소년의 우정을 다룬 〈자햐와 엘리자베트 할머니〉, 전쟁 중에 만난 두 병사가 눈보라가 휘몰아치는 밤에 만나 서로 의지해 죽음을 이겨 내는 〈왜 할아버지는 텔레비전 탐정극을 못 보았나〉 등 개성 강하고 재미와 감동, 생각할 거리를 듬뿍 안겨 주는 동화들이 실려 있다.

더 읽으면 좋은책

나무집
마리예 톨만, 로날트 톨만 그림 | 여유당 | 2010 | 저학년용

생명과 평화와 자연을 노래하는 아름다운 그림책이다. 특이하게 표지에서부터 이야기가 시작된다. 단 한 줄의 글도 없이 그림만이 펼쳐진다. 그림을 보면서 자기만의 독특한 느낌과 이야기를 만들어 낼 수 있어 아이들의 상상력을 자극한다. 세상을 배워 나갈 아이들에게 생명을 향한 따뜻한 감성을 전해 준다.

비무장지대에 봄이 오면
이억배 글·그림 | 사계절 | 2010 | 저학년용

아이들이 전쟁이 없는 평화로운 세상에서 서로 사랑하며 살아가기를 바라는 마음으로 한국, 중국, 일본이 함께 만든 그림책이다. 이 책은 아이들을 분단의 상징 '비무장지대'로 인도한다. 기다란 철조망이 가로막아 사람들은 오가지 못하지만, 동물들은 자유롭게 오가는 비무장지대를 바라보면서 고향을 그리는 한 할아버지의 이야기를 사계절에 빗대어 들려준다.
통일이 되어 비무장지대의 철조망을 걷어 내 사람들이 헤어진 가족을 다시 만나 행복하게 살아가는 평화와 생명의 땅으로 되돌려야 함을 일깨운다.
비무장지대의 풍경을 꼼꼼하고 섬세한 그림 속에 담아내 생생하면서도 아련한 느낌을 자아낸다. 분단된 나라의 슬픔을 비무장지대 이야기를 통해 풀어냈다.

우리는 평화를 사랑해요

구로다 다카코 글 | 이시바시 후지코 그림 | 정은지 옮김 | 초록개구리 | 2009 | 중학년용

일본의 사회·역사 교과서 편찬에 참여한 교사를 비롯한 양심적인 지식인들이 평화와 전쟁에 관한 수많은 사례를 들어 다채롭게 써내려 간 평화 교과서이다.

이 책은 문화와 인종을 넘어 한 목소리로 평화를 외치는 세계 곳곳의 움직임을 소개한다. 특히 종군 위안부 문제나 731부대와 같은 일제의 과거 잘못을 인정하고 사죄함으로써 국제 사회에서 참된 선진국으로서 떳떳하게 자리매김해야 한다는 일본 내 자성의 목소리가 생생하게 실려 있다.

DMZ 원정대

생태지평연구소 글 | 이명애 그림 | 한울림어린이 | 2011 | 중학년용

생태지평연구소가 일 년 동안 직접 DMZ 곳곳을 탐사하면서 체험한 내용과 조사한 정보를 토대로 만든 이야기이다. DMZ는 평화와 희망, 통일의 상징적인 공간이다. 전쟁으로 수많은 목숨을 앗아가고 분단이 이루어진 곳이지만, 수많은 생명이 살아 숨 쉬는, 생태계가 본래의 모습 그대로를 보존하고 있는 곳이기도 하다.

이 책은 DMZ의 자연, 문화, 역사 등 다양한 분야의 정보를 네 명의 아이들을 주인공으로 한 탐험기로 재미있게 풀어 소개하였다. 우리가 생각하는 평화 속에는 통일이라는 과제가 담겨 있다. 통일은 희망과 이어진다. 그런데 아이들에게 평화와 희망, 통일이라는 가치를 전해 주는 일은 쉬운 일이 아니다. 우리가 앞으로 이루어야 할 통일은 남북의 평화를 넘어 DMZ의 생명들에게도 평화로운 것이어야 한다. 이 책은 쉽게 접할 수 없는 DMZ의 가치를 아이들의 가슴속에 담아 줄 것이다.

몽실 언니
권정생 지음 ㅣ 창비 ㅣ 1984 ㅣ 고학년용

가난과 전쟁으로 얼룩진 세상을 꿋꿋하게 살아내며 끝까지 인간다움을 잃지 않은 주인공 몽실이의 강인한 삶과 인간애를 잃지 않는 사랑을 통해 모두에게 희망을 안겨 주는 책이다.

새 아버지의 구박으로 다리를 다쳐 불구가 된 몽실이가 6·25 전쟁이라는 돌발적인 상황에서 상이군인이 되어 돌아온 친아버지, 그리고 어린 동생을 먹여 살리기 위해 힘들게 노력하는 모습을 보여 주며 전쟁이 얼마나 잘못되었는지에 대하여 사실적으로 그려 냈다. 이 작품은 사실성을 바탕으로 평화의 중요성을 강조한다. 오랫동안 아이와 어른 모두에게 사랑을 받아 온 빼어난 작품이다.

두 쪽으로 갈라진 맷돌을 붙이자

사람들은 인류 역사를 통해 무엇이 소중한 가치인지를 배워 왔다. 예를 들면, 자유, 평등, 박애 같은 가치를 강조했다. 그래서 문학과 예술을 통해서도 그 가치를 다루고 노래했다.

평화는 동·서양에서 모두 소중하게 여기는 가치이다. 이것은 이 세상이 그만큼 평화롭지 않다는 것을 보여 주는 반증일 수 있다. 특히 우리나라는 70년 가까이 분단의 아픔을 지니고 있고, 전쟁의 참화도 겪었기 때문에 평화에 대한 생각이 남다를 수밖에 없다.

평화는 좁은 의미로는 '전쟁을 하지 않는 상태'이지만, 현대 평화학에서는 '분쟁과 다툼 없이 서로 이해하고, 우호적이며, 조화를 이루는 상태'로 이해한다. 이러한 정의에 따라 생각해 보면 평화는 모든 인간관계와 공동체가 지켜야 할 가치이다.

아이들은 어떻게 평화의 가치와 소중함을 배울 수 있는가? 과거에는 안보 교육을 통해서 부분적으로 평화 교육이 이루어졌다. 그러나 안보 교육은 적극적 의미의 평화 교육은 아니다. 이제는 우리 아이들을 진정한 '피스메이커(peacemaker)'로 만드는 교육이 필요하다. 평화의 소중함을 가르치는 책을 함께 읽고 토론하는 것도 한 방법이 될 수 있다. 또는 책을 읽은 후 평화를 주제로 글을 쓰고 발표하는 것도 평화에 대한 이해를 심화하는 데 도움이 된다. 평화를 사랑하고 평화의 정신을 키워 가는 아이들이 많아질 때 다음 세대는 밝은 미래를 맞이할 것이다.

우리 아이들은 어렸을 때 파주 임진각이 가까운 문산에서 성장했기 때문에 임진각에서 분단의 상징인 자유의 다리와 실향민들이 합동으로 망향제를 여는 망배단을 여러 번 보

있다. 아이들은 남북이 대치한 상황을 어렸을 때부터 나름대로 이해하였다. 특히 작은 아이는 역사에 관심이 많아서 우리나라의 역사와 관련된 책을 많이 읽었다. 이러한 독서를 통해 아이는 우리나라가 처한 분단 현실을 이해하였고, 전쟁의 비참함과 평화의 소중함 그리고 평화 통일의 중요성도 깨닫게 되었다.

다음은 큰아이가 초등학교 6학년 때 '평화 통일'을 주제로 쓴 〈맷돌〉이란 시이다. 분단 이후 반세기 이상 떨어져 지낸 우리 민족의 아픔을 맷돌을 소재로 이야기하였다.

맷돌 갈아 본 적 있냐?
그래! 맷돌 말이야
위의 것과 밑의 것이
서로 돌아가며
잡곡들을 가루로 만드는 걸
본 적이 있냐 말이다

그럼, 저기 있는
저 맷돌을 갈아 보지 그러냐?
그래. 두 쪽으로 갈라져 있는
저 맷돌을 말이다

그 맷돌은 오래전에는
하나였느니라
하지만 어느 날
고요한 새벽에 들리는
알 수 없는 소리와 함께
그런 허망한 모습을 하게 되었단다

(중략)

아이야! 이 할아비는 꼭 믿는단다
너의 그 초롱초롱한 눈망울이
투명한 마음이
그 맷돌들을 다시
갈 수 있는 존재로
만들어 줄 것이라는 것을……

부록

독서를 활용한 신앙 교육의 사례

독서를 활용한 신앙 교육은 가능한가? 이미 앞에서 열거한 예들이 보여 주듯이 독서는 우리의 삶에 여러 가지 면에서 의미가 있다. 책을 통해 새로운 세계를 맛보고 경험하는 아이들은 실력을 키우고 비전을 갖게 되며 더 나아가 성품의 변화도 이루어진다. 특히 신앙 성장을 위해서 독서는 매우 중요한 방편이다. 독서는 개인적으로 할 수 있는 지적 · 정서적 활동이다. 하지만 독서 클럽이나 독서 학습 프로그램을 통해서도 의미 있는 결과를 얻을 수 있다.

가정에서 신앙 서적을 읽고 가족 구성원이 함께 나누는 것도 한 가지 방법이다. 교회에서 독서에 관심 있는 사람들이 독서모임을 만들 수도 있다. 어린이를 위한 독서 클럽을 조직하고 독서 프로그램을 계발할 수도 있다. 교회에서 독서를 통한 성품 지도와 신앙 교육을 하기 위해서는 다음과 같은 조건이 필요하다.

첫째, 독서 교육의 중요성에 대한 인식이 있어야 한다.
둘째, 독서 교육을 할 전문 교사가 있어야 한다.
셋째, 독서 교육은 지속적이어야 한다.
넷째, 알맞은 프로그램이 있어야 한다.
다섯째, 바른 교육 목표가 있어야 한다.
여섯째, 교회 공간 안에 문고나 작은 도서관이 있어야 한다.

작은 지역 도서관이 소년 빌 게이츠에게 꿈을 선물했듯이, 교회 도서관도 교회의 미래를 책임질 아이들과 청소년들을 위한 보물창고가 될 수 있다. 이제 교회는 크리스천 독서지도사를 키워 책과 독서라는 방편을 통해 하나님나라의 일꾼을 키워야 한다. 다음은 활발하게 이루어지고 있는 교회 및 기독교 기관의 독서 클럽 예들이다.

목민 리더 스쿨

인천시 연수구 연수동의 목민교회에서는 목민 리더 스쿨을 운영하고 있다. 목민 리더 스쿨은 교회 어린이와 청소년을 대상으로 매주 화요일부터 금요일까지 방과후에 4시간씩 독서를 중심으로 학습하는 프로그램이다.

목민 리더 스쿨의 교육 목표는 현대 교육이 추구하는 영재 교육(건강한 사람, 자주적인 사람, 창의적인 사람, 도덕적인 사람)과 유대 교육이 추구하는 선민 교육(성품, 착함, 사랑)을 종합한 창의적인 것으로서 덕과 꿈과 실력이 있는 전인적인 사람을 양육하는 데 있다.

학생 10명당 전문 교역자 1인을 배정하여 신앙과 학습, 독서를 지도하는데 ① 코칭 학습 30분, ② 영성 학습 30분, ③ 독서 학습 1시간, ④ 인터넷 학습 1시간 등으로 진행된다. 뿐만 아니라 독서 지도 전문 과정을 이수한 교사의 지도 아래 선행 학습을 하기도 하고 영어와 한문 등 어학 공부도 병행한다. 이를 위해 교회는 30여 개의 개인 독서실용 책상을 마련하였으며 독서 환경을 조성하고 소그룹 독서 토론을 위한 공간 확보, 인터넷 학습실을 마련해서 온라인으로 학습의 경험을 넓힐 수 있도록 배려하였다.

목민교회는 아동과 청소년 독서를 중심으로 개척된 교회이지만 교회 학교 교육만 전념하는 것은 결코 아니다. 목민 독서 학교는 부모 교육에도 깊은 관심을 가지고 아이들이 비전 스쿨에 등록할 때부터 부모를 동시에 면접하여 독서의 중요성을 일깨워 가정의 협조를 이끌어내고 있다.

특히 목민 리더 스쿨의 토론 학습은 소그룹 토론을 통해 학생의 자발성과 창의성, 협동성을 높이고 나아가 타인을 존중할 줄 아는 인격적 자세까지 배울 수 있는 기회를 제공한다.

한국기독청소년교육원 어린이 독서 클럽

한국기독청소년교육원의 어린이 독서 클럽은 부모 교육 과정 수료 후 부모 독서 클럽에서 활동하는 회원들의 자녀로 구성되어 있다. 어린이 독서 클럽의 가장 큰 특징은 부모들이 꾸준히 독서모임을 해 오면서 나타난 변화 중의 하나라는 것이다. 부모들이 책을 통해 만나게 된 하나님, 책을 통해 얻게 된 기쁨 · 지식 · 지혜 등의 경험을 자녀들에게 맛보게 해 주고 싶다는 생각에서 어린이 독서 클럽이 생겨나게 되었다.

어린이 독서 클럽의 궁극적인 목적은 어린이들을 하나님의 사람으로 길러 내는 것이다. 독서는 하나님의 사람으로 성장하는 데 중요한 역할을 한다. 하나님께서는 말씀으로 이 세상을 창조하시고 지금도 말씀을 통해서 역사하시기 때문이다.

독서는 듣기, 말하기, 읽기, 쓰기, 생각하기가 함께 이루어지는 통합적인 교육이다. 독서를 통하여 어린이들에게 하나님의 눈으로 세상을 바라보는 힘을 길러 주고자 한다. "모든 교육의 기초는 신앙 교육이다. 모든 학습의 기초는 독서다."라는 관점에서 지도한다.

어린이 독서 클럽은 1주 1회 70분간 진행된다. 한 달에 3권의 책 읽기와 다양한 생각놀이 활동을 주 교육으로 한다. 어린이들은 신앙 도서를 포함한 각 분야의 책을 골고루 읽는다. 방학 때 공동체 생활을 통하여 집중적으로 신앙 교육, 독서 교육, 생활 교육, 그리고 지도자 교육을 한다.

꿈돌이 독서당

서울시 광진구 자양동의 영광교회에서는 꿈돌이 독서당을 운영하고 있다. 꿈돌이 독서당은 아이들로 하여금 인류를 향한 꿈을 갖게 하는 데 목적을 둔 인재 양성 독서 교육 프로그램이다.

교육 특징은 소그룹(4~6명)을 원칙으로 하고, 교사가 직접 제작한 학습 지도안 교재로 진행한다. 프로그램에 참여하는 아이들의 어머니는 매월 1회 세미나에 참석해야 하며, 이때 선정도서를 읽고 토론을 한다. 또한 학습 공동체 숙소를 만들어 공동체를 통해 인격과 실력을 쌓아 교육의 효율성을 높인다.

인격과 관련된 교육 목표는 "그리스도를 닮은 인격으로 서로 섬기고 사랑하는 삶을 살게 한다."이다. 즉 성경적 가르침으로 그리스도의 인격을 닮게 하고, 철저한 예배 생활을 통해 신앙 인격을 심어 주며, 섬김과 나눔으로 자기의 존재 가치를 알게 한다는 것이다.

샘터 독서 캠프

부산시 남구 대연동의 샘터교회는 2001년 교회 창립 이후부터 올해까지 방학이면 항상 독서 캠프를 개최하고 있다. 10여 년째 진행 중인 독서 캠프는 한 번도 거르지 않았다.

독서 캠프는 6세부터 초등 2학년을 대상으로 어린이 독서 캠프를, 초등 3학년부터 6학년을 대상으로 꿈나무 독서 캠프를 개최한다. 매회 다양한 주제로 진행된 샘터 독서 캠프는 신학, 철학, 교육학을 연구하며 독서 전문가로 활동 중인 안중덕 목사의 지도로 이루어지며 학부모들의 입소문은 물론 지역 언론과 인터넷을 통해 전국적으로 알려져 있다.

큰 호응을 얻고 있는 독서 캠프의 특징은 전문성과 참여자들의 잠재력을 독해 학습으로 개발시키는 것은 물론 학습자와 교사, 학부모가 일체가 되어 진행된다는 점이다. 독서 캠프의 참가 신청서에는 참가자 본인의 의사 표시와 부모의 동의가 있어야 한다. 부모는 자녀를 위해 독서 교육 세미나에 참여해야 하며 필독서를 읽은 후 토론에 참여하거나 독서감상문을 제출해야 한다. 샘터교회는 방학 중에 열리는 독서 캠프 외에도 학기 중에는 어린이 도서관을 통해 독서학교와 작가와의 만남, 책과 만나는 산책길, 도서관음악회 등 다양한 프로그램을 진행 중이다.

안 목사는 지난 2001년 샘터교회 안에 어린이 전용 도서관을 열었다. 현재 어린이와 부모들을 위한 책 8,500여 권을 갖춘 이 도서관의 이름은 '샘터 꿈의 도서관'이다. 무작정 "책 읽어라.", "독서는 중요하다."고 주입한 것이 아니라 어린이들이 책을 가깝게 느낄 수 있는 도서관을 마련함으로써 많은 변화가 일어났다.

✿전국의 어린이 도서관

 서울특별시

강북구	밝은 문고	서울시 강북구 미아6동 668-1
	책이랑 놀자 어린이 도서관	서울시 강북구 수유3동 134-69 2층
강서구	가양 인표 어린이 도서관	서울시 강서구 가양3동 1468 가양 종합사회복지관
	환원 어린이 도서관	서울시 강서구 개화동 325-11
관악구	난곡 주민 도서실	서울시 관악구 신림7동 667-83 윤경빌딩 3층 난곡 사랑방 내
	봉천5동 파랑새문고	서울시 관악구 봉천5동 산101-65 주민센터 2층
광진구	날마다 자라는 나무 어린이 도서관	서울시 광진구 자양3동 580-2 우성아파트 상가 2층
	새날 도서관	서울시 광진구 구의동 16-3 본관 4층
구로구	구로 꿈나무 도서관	서울시 구로구 구로장터길 48 구로구 시설관리공단 2층
	구로 인표 어린이 도서관	서울시 구로구 구로동 256-7
	깊은 산속 옹달샘 어린이 도서관	서울시 구로구 구로5동 560 두레하나교회
	몽당연필 어린이 도서관	서울시 구로구 궁동 178-14 평화의 교회
금천구	민들레 어린이 도서관	서울시 금천구 가산 종합사회복지관 4층
	산돌 어린이 도서관	서울시 금천구 시흥1동 108-47
	은행나무 어린이 도서관	서울시 금천구 시흥5동 922-1 2층
노원구	감자꽃 어린이 도서관	서울시 노원구 공릉동 230 공릉동 현대아파트 상가 3층 예수사랑교회
	노원 어린이 도서관	서울시 노원구 중계4동 356
도봉구	초록나라 어린이 도서관	서울시 도봉구 도봉1동 576-19 삼호빌라 302호
동대문구	꿈틀 어린이 도서관	서울시 동대문구 전농3동 산 32-9
마포구	옹달샘 어린이 도서관	서울시 마포구 합정동 434-4
서대문구	원천 어린이 도서관	서울시 서대문구 연희3동 149-45
성동구	책 읽는 엄마, 책 읽는 아이 어린이 도서관	서울시 성동구 행당동 134-6

성북구	꿈터 어린이 도서관	서울시 성북구 정릉1동 1015 경남아파트 상가 2층
	다슬문고	서울시 성북구 장위2동 74-181
	월곡 인표 어린이 도서관	서울시 성북구 하월곡동 96-155 생명의전화 종합사회복지관
송파구	함께 크는 우리 어린이 도서관	서울시 송파구 풍납2동 407-8 풍납빌딩 1층
양천구	씨앗도서관	서울시 양천구 신월3동 155-1 겨자씨교회
영등포구	두껍아두껍아 어린이 도서관	서울시 영등포구 당산동 3가 45
	반딧불 어린이 도서관	서울시 영등포구 문래동 4가 16-1
용산구	보광 한남 어린이 도서관	서울시 용산구 보광동 3-278 지하1층
	푸른 어린이 도서관	서울시 용산구 청파동 3가 85 청파교회
은평구	은평 사랑 어린이 도서관	서울시 은평구 응암동 97-35
	책벌레 도서관	서울시 은평구 불광1동 은광교회
종로구	사직어린이 도서관	서울시 종로구 사직동 1-28 사직공원 내
중구	느티나무 어린이 도서관	서울시 중구 신당동 340-45 사랑교회
중랑구	파랑새 어린이 도서관	서울시 중랑구 신내1동 618 동성아파트 14동 108호
	한밀 어린이 도서관	서울시 중랑구 면목5동 한밀교회 2층

 부산광역시

남구	늘 푸른 어린이 도서관	부산시 남구 대연3동 신원에버그린아파트 245동 137호
	샘터 꿈의 도서관	부산시 남구 대연3동 565-7
	들꽃 이야기 어린이 도서관	부산시 남구 대연3동 1364-7
북구	맨발동무 어린이 도서관	부산시 북구 화명동 1549
	부산 뇌병변 오뚜기 도서관	부산시 북구 금곡동 1883
	장선 인표 도서관	부산시 북구 구포3동 1255-2 장선 종합사회복지관
연제구	연제 인촌 도서관	부산시 연제구 연산3동 2015-9 연제구 종합사회복지관
진구	동화랑 놀자 어린이 도서관	부산시 진구 부암3동 538-14 1층
	부산여대 어린이 도서관	부산시 진구 양정동 74
해운대구	느티나무 도서관	부산시 해운대구 반송2동 주공아파트 상가 202호
	재송 어린이 도서관	부산시 해운대구 재송동 948-23

대구광역시

달서구	대구 인표 어린이 도서관	대구시 달서구 월성동 86 학산 종합사회복지관
	반딧불이 도서관	대구시 달서구 하빈면 봉촌2리 산26
	새벗 어린이 도서관	대구시 달서구 상인2동 319-6 정우빌딩 6층
동구	한들마을 도서관	대구시 동구 지묘동 공산농협 3층
북구	더불어 숲 작은 도서관	대구시 북구 국우동 1095-4 1층
	도토리 어린이 도서관	대구시 북구 관음동 1364-18 2층

인천광역시

계양구	이화 어린이 도서관	인천시 계양구 이화동 250
남동구	푸른솔 어린이 도서관	인천시 남동구 구원4동 남동 청소년의 집 2층
동구	푸른나무교실 어린이 도서관	인천시 동구 송림1동 229-8호 3층
부평구	달팽이 어린이 도서관	인천시 부평구 청천동 180-4 대우프라자 406호
	맑은샘 어린이 도서관	인천시 부평구 청천동 81-11
	부평 기적의 도서관	인천시 부평구 부개동 499-1
	신나는 어린이 도서관	인천시 부평구 삼산동 125-25
	아름드리 어린이 도서관	인천시 부평구 부개1동 327-11 일산신협 4층
	진달래 어린이 도서관	인천시 부평구 부평5동 115-11
	청개구리 어린이 도서관	인천시 부평구 신곡3동 317-119 2층
	품앗이 어린이 도서관	인천시 부평구 신곡2동 263-15 2층
북구	인천 인표 어린이 도서관	인천시 북구 삼산동 157 삼산 종합사회복지관 2층
서구	검단 어린이 도서관	인천시 서구 마전동 산147
	한길 어린이 도서관	인천시 서구 신현동 157-17
연수구	늘푸른 어린이 도서관	인천시 연수구 연수2동 620-14 202호
	미추홀 어린이 도서관	인천시 연수구 연수1동 557-1
	짱뚱이 어린이 도서관	인천시 연수구 청학동 455 하나아파트 관리사무소 2층

광주광역시

광산구	도깨비 어린이 도서관	광주시 광산구 신가동 930-9 3층
북구	광주 인표 어린이 도서관	광주시 북구 오치동 912-1 광주 종합사회복지관

대전광역시

대덕구	대전 인표 어린이 도서관	대전시 대덕구 법동 2831 중리 종합사회복지관
	송촌 마을 도서관	대전시 대덕구 송촌동 488-2
동구	푸른꿈 도서관	대전시 동구 가양2동 29-7 성은감리교회
유성구	모퉁이 어린이 도서관	대전시 유성구 전민동 390-8
중구	알짬 어린이 도서관	대전시 중구 석교동 68-14

울산광역시

북구	울산 북구 기적의 도서관	울산시 북구 중산동 570-2

강원도

원주시	원주 아름드리 어린이 도서관	강원도 원주시 지정면 신평리 360 노인회관 2층
	패랭이꽃 그림책 버스	강원도 원주시 단구동 1620-5 토지문학공원 내
춘천시	꾸러기 어린이 도서관	강원도 춘천시 후평2동 67-11 3층
	춘천 YMCA 푸름이 문고	강원도 춘천시 후평1동 849-6
태백시	철암 어린이 도서관	강원도 태백시 철암동 368-4
	태백 인표 도서관	강원도 태백시 황지1동 39
인제군	백담마을 어린이 도서관 솔방울	강원도 인제군 북면 용대리 957
철원군	월촌 어린이 도서관	강원도 철원군 동송읍 오덕3리 1192-7
홍천군	두란노 어린이 도서관	강원도 홍천군 홍천읍 갈마공리 160-6

경기도

고양시	강아지똥	경기도 고양시 일산서구 일산2동 637-23 반석빌딩 3층 소망교회
	글향기 도서관	경기도 고양시 일산서구 가좌동 465-4 바울의교회
	꿈꾸는 동화나라	경기도 고양시 일산서구 대화동 2114 선교교회
	도토리 미디어 사랑방	경기도 고양시 일산서구 대화동 2017-4
	동녘 도서관	경기도 고양시 일산동구 백석동 1198-7 동녘교회
	동화의 숲	경기도 고양시 일산동구 마두동 백마마을 장항A타운 5층
	땅꼬마 어린이 도서관	경기도 고양시 일산서구 일산동 1556 중산2단지 코오롱상가 밀알교회
	숲속 작은 도서관	경기도 고양시 일산동구 정발산동 1176-1 서교빌딩 202호
	어린이 도서관 강아지똥	경기도 고양시 일산서구 일산동 592-50 정원상가 201호
	어린이 도서관 화정 동화나라	경기도 고양시 덕양구 화정동 968-1 장원프라자
	웃는책 어린이 도서관	경기도 고양시 일산서구 대화동 성저마을 2017-4
	책놀이터	경기도 고양시 주교동 583-10 2층
	푸른꿈 어린이 도서관	경기도 고양시 일산서구 일산3동 1062 제일프라자 501호
	하늘그림 어린이 도서관	경기도 고양시 일산서구 일산동 960-22 허스상가 가동
광명시	넓은세상 어린이 도서관	경기도 광명시 하안동 고층주공아파트 5단지 관리사무소 1층
	넝쿨 어린이 도서관	경기도 광명시 철산4동 467-372
	징검다리 어린이 도서관	경기도 광명시 광명7동 42-111 2층
	청개구리 어린이 도서관	경기도 광명시 철산3동 419 광명시 평생학습원 내
광주시	좋은만남 어린이 도서관	경기도 광주시 오포읍 양벌리 616 좋은만남교회
구리시	숲속 어린이 도서관	경기도 구리시 교문동 701 두레교회
	아이다 에듀	경기도 구리시 수택동 대원아파트 상가 104호
	애기똥풀 어린이 도서관	경기도 구리시 인창동 670-315
	참 좋은 어린이 도서관	경기도 구리시 토평동 972-2 204호
남양주시	아이랑 도서관	경기도 남양주시 오남읍 오남리 546-12
부천시	어린이 도서관 동화기차	경기도 부천시 원미구 상1동 394-2 복사골 문화센터

성남시	맑은샘 어린이 도서관	경기도 성남시 중원구 금광2동 4362
	아튼빌 문고	경기도 성남시 중원구 하대원동 249 아튼빌 아파트 1004동 1층
	은행골 마을 도서관	경기도 성남시 중원구 은행2동 1135
	작은 독서실 아름드리	경기도 성남시 분당구 야탑동 173 목련마을 대원빌라 관리사무소
	책이랑 어린이 도서관	경기도 성남시 중원구 상대원1동 1901
수원시	슬기마을 어린이 도서관	경기도 수원시 권선구 고색동 890-268
	화홍 어린이 도서관	경기도 수원시 장안구 북수동 44-2
시흥시	사랑나무 어린이 도서관	경기도 시흥시 거문동 유호아파트 상가 3층
	우리 마을 작은 어린이 도서관	경기도 시흥시 도창동 385-4 3층 도창복지문화센터
안산시	책넝쿨 도서관	경기도 안산시 단원구 초지동 736 해맑음아파트 관리동 2층
	초지 어린이 도서관	경기도 안산시 단원구 초지동 604-3
	이야기숲 도서관	경기도 안산시 단원구 고잔2동 632 안산광림교회
	석수골 도서관	경기도 안산시 단원구 선부2동 1159
	쌈지 도서관	경기도 안산시 상록구 부곡동 711
	문화센터 어린이 도서관	경기도 안산시 단원구 선부3동 1076-9
	대덕 문화 도서관	경기도 안산시 상록구 본오1동 523-1 본오종합사회복지관
	꽃우물 도서관	경기도 안산시 단원구 화정동 159-1 화정교회
	꿈을 키우는 작은 도서관	경기도 안산시 상록구 사2동 1472-13 경우경로당 2층
	샛별 작은 도서관	경기도 안산시 단원구 신길동 삼익아파트 관리사무소 3층
안성시	두둘기 어린이 도서관	경기도 안성시 삼죽면 덕산리 325-1
안양시	작은키나무 어린이 도서관	경기도 안양시 비산동 1018 금강 벤처텔 412호
용인시	느티나무 어린이 도서관	경기도 용인시 풍덕천2동 1112 신정마을 현대 성우상가
	밤토실 어린이 도서관	경기도 용인시 수지구 고기동 200
	자이 행복한 도서관	경기도 용인시 수지구 상현2동 만현마을 자이아파트 관리동 2층
	책사랑 어린이 도서관	경기도 용인시 수지구 상현동 864 만현마을 3단지 서원 상떼빌 관리동 2층
의정부시	꿈이 있는 어린이 도서관	경기도 의정부시 장암동 17-7 장암제일교회
	좋은 우리 어린이 도서관	경기도 의정부시 신곡동 455-36 다우빌딩 3층

이천시	예일 책사랑 문고	경기도 이천시 부발읍 신하리 383–21
파주시	거북도서관	경기도 파주시 파주읍 연풍 3리 35–1
	어린이 도서관 꿈꾸는 교실	경기도 파주시 교하읍 문발리 500–12 파주출판 도시 단지 내 다섯수레 출판사 2층
	하얀초록 어린이 도서관	경기도 파주시 금촌1동 11–18
	한라 비발디 아파트 도서관	경기도 파주시 조리읍 대원리 992–1
평택시	가나안	경기도 평택시 서정동 76–3
	고궁 어린이 도서관	경기도 평택시 고덕면 궁3리 290–2 고궁감리교회
	까꿍 어린이 도서관	경기도 평택시 서정동 904–1
	솔부엉이 어린이 도서관	경기도 평택시 팽성읍 대추리 160–12 대추초등학교
화성시	꿈꾸는 도서관	경기도 화성시 태안읍 병점리 859 태안 주공4단지 관리동

경상남도

김해시	김해 도서관 어린이 자료실	경상남도 김해시 봉황동 458–15
	한신 책사랑 작은 도서관	경상남도 김해시 외동 916
사천시	사천시 어린이 영어 도서관	경상남도 사천시 사남면 월성리 491
양산시	동무 동무 시동무 도서관	경상남도 양산시 중부동 694–1
진주시	도동 어린이 도서관	경상남도 진주시 하대동 139–43
	어린이 전문 도서관	경상남도 진주시 평거동 761
	비봉 어린이 도서관	경상남도 진주시 옥봉동 357–3
창원시	남산사회교육센터 문고	경상남도 창원시 성산구 가음동 42–1
	대방사회교육센터 문고	경상남도 창원시 성산구 대방동 358 대동아파트 관리사무소 3층
	내서 마을 도서관	경상남도 창원시 마산회원구 호계리 10 코오롱타운 관리동 3층
	진해 기적의 도서관	경상남도 창원시 진해구 석동 658
	창원 다문화 어린이 도서관	경상남도 창원시 의창구 팔용동 152–7
거창군	다전 어린이 도서관	경상남도 거창군 가북면 중촌리 중촌교회
남해군	초롱초롱 어린이 도서관	경상남도 남해군 고현면 대사리 789–1 고현감리교회
합천군	도토리와 친구들 어린이 도서관	경상남도 합천군 초계면 초계리 102

경상북도

구미시	소나무 새마을 문고	경상북도 구미시 도량2동 883 주공아파트 관리동 3층
김천시	헨스헨 어린이 도서관	경상북도 김천시 부곡동 1497
영주시	작은나무 어린이 도서관	경상북도 영주시 풍기읍 성내1리 168-3 2층
포항시	책이랑 글이랑 어린이 도서관	경상북도 포항시 남구 대잠동 496-5 3층

전라남도

목포시	꾸러기 어린이 도서관	전라남도 목포시 하당동 845-1 비파아파트 2차 상가 지하 3호
	꿈나무 어린이 도서관	전라남도 목포시 동명동 4차 어린이 놀이터
	꿈돌이 작은 도서관	전라남도 목포시 옥암동 1094-6
	나주 부영 도서관	전라남도 목포시 삼영동 부영아파트 관리사무소
	목포 KYC 부설 푸른 꿈 문고	전라남도 목포시 서산동 1-9
	반딧불 작은 도서관	전라남도 목포시 북교동 107-2
	옹달샘 작은 도서관	전라남도 목포시 상동 739 주공 1단지
	은하수 작은 도서관	전라남도 목포시 하당동 우리은행 옆
	피터팬 작은 도서관	전라남도 목포시 산정동 1785-17
순천시	가곡 옹달샘 도서관	전라남도 순천시 가곡동 971-5 염광교회
	낙안 읍성 도서관	전라남도 순천시 낙안 동내 397-1
	남제 자치 도서관	전라남도 순천시 남제동 주민 자치 센터 내
	도사 우성 도서관	전라남도 순천시 도사동 덕월 우성 아파트 관리동 1층
	동신 별빛 작은 도서관	전라남도 순천시 조례동 1610 동신1차아파트 관리사무소
	매곡 자치 도서관	전라남도 순천시 매곡동 주민자치센터 내
	별량 구룡 도서관	전라남도 순천시 별량면 구룡리 591 마을회관 2층
	생목 벽산 꿈꾸는 작은 도서관	전라남도 순천시 덕연동 생목 59 벽산아파트
	서면 선평 도서관	전라남도 순천시 서면 선평 1026 마을회관 2층
	서면 자치 도서관	전라남도 순천시 서면 주민 자치 센터 내
	순천 기적의 도서관	전라남도 순천시 해룡면 기적의 도서관길 60

	순천 상사 용암 작은 도서관	전라남도 순천시 상사면 용암리 432–8 마을회관 2층
	장천 작은 도서관	전라남도 순천시 장천동 42–7
	저전 자치 도서관	전라남도 순천시 저전동 주민자치센터 내
	조곡 자치 도서관	전라남도 순천시 조곡동 주민자치센터 내
	조례 송촌 꿈꾸는 도서관	전라남도 순천시 조례동 송촌 프라임 아파트 104동 106호
	조례 금호 도서관	전라남도 순천시 조례동 금호아파트 105동
	주암 광천 도서관	전라남도 순천시 주암면 광천리 복지회관 2층
	해룡 소안 도서관	전라남도 순천시 해룡면 대안리 43–1 마을회관
	해룡 신성 도서관	전라남도 순천시 해룡면 신성리 254–1 마을회관 2층
	해룡 호두 도서관	전라남도 순천시 해룡면 호두리 337–4 경로당 2층
	황전 용림 도서관	전라남도 순천시 황전면 선변리 929 마을회관 2층
여수시	여수시립도서관 순회문고	전라남도 여수시 미평동 284 주공2차내
곡성군	죽교 농민 도서관	전라남도 곡성군 죽곡면 태평리 403–4
보성군	벌교 원동 작은 도서관	전라남도 보성군 벌교읍 척령리 산4 원동교회
진도군	진도 인표 도서관	전라남도 진도군 진도읍 성내리 54
해남군	푸른숲 어린이 도서관	전라남도 해남군 해남읍 해리 499–1

 전라북도

익산시	꿈꾸는 뜰 어린이 도서관	전라북도 익산시 부송동 1084–2 꿈꾸는 뜰 교육문화센터
	도란도란 어린이 도서관	전라북도 익산시 마동 57–4 익산시립마동도서관 내
	삼성동 어린이 도서관	전라북도 익산시 부송동 1094–2 삼성동주민센터 2층
	책이 있어 좋은 우남문고	전라북도 익산시 동산동 995–5 동산 우남아파트 내
전주시	새빛 작은 도서관	전라북도 전주시 완산구 평화동 2가 230–27
	송촌 주공 아파트 문고	전라북도 전주시 덕진구 송천동 2가 1268 송천주공아파트 관리동
	전주 인표 어린이 도서관	전라북도 전주시 완산구 도서관옆길 16
	책마루 어린이 도서관	전라북도 전주시 덕진구 송천동 롯데마트 주차장 2층
정읍시	꿈이 있는 어린이 도서관	전라북도 정읍시 상동 131–10 상동 제일감리교회
	정읍 기적의 도서관	전라북도 정읍시 수성5로 45–5
진안군	진안 사랑 문고	전라북도 진안군 마령면 평지리 1037–5

제주도

제주시	설문대 어린이 도서관	제주도 제주시 연동 270-5
	제주 기적의 도서관	제주도 제주시 동광로12길19
서귀포시	서귀포 기적의 도서관	제주도 서귀포시 동흥동 646-1

 충청남도

아산시	아산 어린이 도서관	충청남도 아산시 실옥동 181-15 2층
금산군	금산 기적의 도서관	충청남도 금산군 금산읍 비단로 296-13

 충청북도

제천시	제천 기적의 도서관	충청북도 제천시 용두천로 38
	꽃다지 어린이 도서관	충청북도 제천시 하소동 139 청구아파트 관리사무소
청주시	청주 기적의 도서관	충청북도 청주시 흥덕구 구룡산로 356
	초롱이네 어린이 도서관	충청북도 청주시 상당구 용암동 1380
	참도깨비 어린이 도서관	충청북도 청주시 상당구 우암동 229-10
음성군	소망 어린이 도서관	충청북도 음성군 감곡면 왕장리 458-7
청원군	강외우체국 열린 문고	충청북도 청원군 강외면 오송리 246-64
	들꽃방 작은 도서관	충청북도 청원군 강내면 다락리 348-7

우리 아이
영성을 키우는 책 읽기